Nathalie Gendrot

avec
Stéphane Marie

150 DRÔLES EXPRESSIONS pour cultiver son *jardin*

le Robert

Directrice éditoriale : Bérengère Baucher
Édition : Camille Bouley, Charlotte Lebot
Conception et mise en pages : Marguerite, Emmanuelle Audebrand
Correction : Nathalie Rachline
Iconographie : Et Pourquoi Pas, Titaïna Crozzoli
Fabrication : Nicolas Zeifman

ISBN : 978-2-32101-644-1

PRÉFACE

DIRE ET CULTIVER SON JARDIN

Les jardiniers ont toujours fait preuve d'une grande imagination. Se remettre en question et se réinventer est dans leur nature. Devenus les premiers défenseurs du respect de la biodiversité, mais aussi de la bonne santé des plantes et des sols de leurs jardins, ils n'ont de cesse de créer, d'expérimenter et d'adopter de nouvelles méthodes de jardinage adaptées aux contingences de leur époque.

J'adore les outils destinés au jardinage. À mes yeux, ils sont le plus bel exemple de cet esprit inventif qui anime les jardiniers. Tout au long de l'histoire, ils n'ont cessé d'être modifiés par ceux qui les utilisent tant pour rendre leur travail moins pénible que pour être toujours mieux adaptés à la culture des plantes et aux sols auxquels ils sont dédiés.

Les expressions du jardin n'ont pas suivi cette évolution, mais elles sont toujours là, intactes. Elles agissent un peu comme une piqûre de rappel, témoignage d'autres temps, antérieurs à la grande transhumance qui, au cours du siècle dernier, a vu les campagnes se vider de leurs habitants, attirés par les promesses, ou plutôt par les leurres, d'une vie urbaine moderne censée être moins pénible, moins solitaire, voire moins « pauvre ».

Certaines de ces expressions, si elles résonnent toujours en nous, tiennent davantage de l'énigme que de l'évidence. Bien sûr, elles évoquent nombre de plantes que nous continuons à consommer, mais elles révèlent un autre aspect en lien avec la vie courante et les rapports que nous entretenons les uns envers les autres. Tour à tour tendres ou amusantes, elles peuvent aussi souligner la brutalité des relations et même l'ostracisme frappant certains êtres.

Les expressions sur lesquelles j'ai choisi de réagir m'ont embarqué bien au-delà d'où je pensais aller. Elles m'ont replongé dans des récits oubliés, jamais bien loin de la grande histoire. Elles m'ont amené à approfondir ma réflexion quant aux transformations de nos sociétés.

Et surtout, en questionnant ces expressions, j'ai, une fois encore, cultivé mon jardin.

Stéphane Marie

AVEZ-VOUS PLUTÔT *LA MAIN VERTE* OU *LA LANGUE VERTE* ?

Parce qu'elles poussent souvent au ras des pâquerettes, les expressions renferment un secret précieux et nécessaire. Elles croissent sous nos paroles si discrètement qu'on n'y prête guère attention. Elles habitent notre paysage verbal comme un microcosme d'insectes, de champignons et de mousses qui mène sa vie sous nos pas. Alors, autant les voir, les voir vraiment. Employer des expressions, ce n'est pas seulement fleurir son langage, c'est aussi le métamorphoser en une forêt bruissant de vieilles histoires : quand on parle de *sortir du bois*, de notre bouche jaillit un loup affamé qui hume le bétail, en longeant les fourrés. Il fut un temps où se cachaient des écoles dans les buissons, qui ont donné leur nom à *l'école buissonnière*. Un temps où la brume était si épaisse qu'on en aurait mangé, une vraie *purée de pois* que notre haleine exhale encore par bouffées.

Avez-vous déjà eu l'impression, en utilisant une expression, que c'est quelqu'un d'autre qui parle ? Comme un vieux fantôme qui vous souffle les mots. On pourrait se dire que les expressions idiomatiques sont le reflet indéfiniment réfléchi d'une mémoire qui nous hante, d'images fossilisées dans le terreau culturel. Dès lors, un écrivain aurait plutôt tendance à les éviter, puisque son travail consiste à travailler la matière brute des mots, à illuminer leur sens, leurs vies secrètes, et non à relayer des faux-semblants. Partout où elles passent, l'herbe de la pensée ne pousse plus. Vraiment ?

Cela ne tient qu'à nous de garder la langue vivante, loin des jardins en « béton vert », et d'observer la biodynamique des mots, avec leurs mauvaises herbes, pissenlits, vermines et prétendus nuisibles. Ayons la main verte dans notre jardin français ! Et restons droits dans nos bottes et détendus de la salopette.

Car, au fond, *les mauvaises herbes* sont-elles si mauvaises ? On dit qu'il faut *trier le bon grain de l'ivraie* : mais qui connaît l'ivraie ? Et ne parlons pas du *mouron* qu'on se fait… Mais si, justement, parlons-en…

Quand vous avez *la langue verte*, ce n'est pas une maladie ; il s'agit en argot d'une manière rude et pittoresque de s'exprimer, ou bien d'un jargon qui s'inspire du monde des jeux, à cause du tapis vert. Si, en revanche, vous avez *la main verte*, cela veut dire que vous êtes « habile à cultiver des plantes » - à moins que vos gants de jardinage ne soient verts, mais là vous trichez. Ce curieux talent inné de génie vert n'est entré dans le vocabulaire que dans les années 1950 - nos ancêtres savent bien, eux, que l'horticulture est plus affaire de sueur et de patience que de magie.

Avoir le don de faire pousser n'importe quoi n'importe où : c'est pourtant bien là un pouvoir du verbe qu'il faut entretenir, afin que l'herbe continue d'y pousser. Quand écrivains et jardiniers vont main dans la main sur les vertes pâtures de la langue, ils défrichent le précepte de Voltaire : *il faut cultiver notre jardin*. C'est alors que notre belle langue, dont le feu brûle depuis mille ans, passe au vert.

Nathalie Gendrot

Avoir un cœur d'ARTICHAUT

être volage, tomber amoureux facilement

« Le cœur a ses raisons que la raison ne connaît point », dit-on parfois à propos d'un amoureux déraisonnable… Lourde méprise, puisque Pascal ne parle nullement d'amour, mais de religion. Pour une bonne raison : au XVIIe siècle le cœur n'est pas encore le symbole des sentiments. Depuis l'Antiquité, le cœur est considéré comme le siège de divers attributs liés à l'esprit. Ce n'est qu'au XVIIIe siècle que le cœur devient enfin l'organe de l'amour, à la faveur des découvertes anatomiques. Celui-ci se prête à un jeu de mots avec le « cœur » des légumes, la partie centrale, la plus tendre (avant le XIXe siècle, on ne parle pas du « fond » mais du « cul » d'artichaut, à chacun de décider où se place le cœur).

Les *cœurs d'artichaut* sont inconstants depuis les années 1850. L'expression met en scène un artichaut dont on ôte une à une chaque feuille, elle abrège en réalité la forme proverbiale *cœur d'artichaut, une feuille pour tout le monde.* Une feuille, un amour… L'artichaut, qui tire son nom du dialecte lombard *articcioco* au XVIe siècle, arrive d'Italie avec Catherine de Médicis et conquiert l'Europe en raison de ses vertus aphrodisiaques. Au XVIIe siècle, il est inconvenant pour une jeune fille de consommer de l'artichaut !

STÉPHANE MARIE RAMÈNE SA FRAISE

Quelle merveille! Est-il saveur plus subtile que celle d'un artichaut cueilli le matin? Originaire du pourtour méditerranéen, les Italiens l'introduisent sur les tables françaises à la Renaissance. Soupçonné à tort, d'avoir des vertus aphrodisiaques, il défraie la chronique. « L'artichaut, le bel artichaut, pour monsieur et madame, pour réchauffer le cul et l'âme! » criaient les marchands des quatre saisons à l'époque d'Henri IV, le roi supposément atteint de priapisme.

En fait, nous consommons le bourgeon de la fleur, soit le capitule, en commençant par les bractées, ces sortes de feuilles qui protègent la fleur. Nous ôtons les « poils », lesquels en se développant auraient donné de belles fleurs violettes. Puis nous dégustons le fond, soit le réceptacle floral, appelé « cul » jusqu'au XVIIe siècle. Un Allemand auquel mon grand-oncle avait servi un artichaut se serait exclamé : « Gros matériel, petit manger! » C'est mésestimer les qualités nutritionnelles de l'artichaut qui entretient les bactéries du colon tout en favorisant l'assimilation du calcium et du magnésium.

Artichaut, j'aime ton cœur!

ALLER AUX ASPERGES

se prostituer

Si l'on en croit le parler populaire, nos braves potagers sont hérissés de phallus de toutes formes et de toutes tailles. L'asperge est synonyme de *pénis* depuis la fin du XIXe siècle, mais dans les sillons la concurrence est rude pour ce rôle : à ses côtés, carotte, champignon, cornichon, flageolet, navet, panais, poireau, radis, salsifis, chicon, mange-tout, fève, betterave, haricot, rutabaga.

Aller aux asperges est un rejeton d'après-guerre et figure poétiquement une travailleuse rejoignant son champ de verges – où chaque pavé du trottoir serait une asperge. Ce sont d'abord les premières concernées qui emploient l'expression, avant que celle-ci se diffuse dans la langue familière.

La forme de l'asperge allongée avec sa fleur en pointe est indubitablement évocatrice et il faut ajouter à cela un phénomène surprenant : l'asperge peut croître de quinze centimètres en un jour… Sa réputation de légume aphrodisiaque n'est plus à faire. Henri III les sert à ses mignons, Louis XIV en raffole. Madame de Maintenon aurait susurré à son oreille : « L'asperge nous invite à l'amour. » Madame de Pompadour laisse une recette de sauce d'asperges à son nom. *L'ivoire à manger*, autrement surnommé *printemps en tige*, sort finalement des cuisines des palais et gagne les marchés populaires au XIXe siècle, mais il conserve son parfum sulfureux. L'asperge est proscrite dans les couvents de jeunes filles car son aspect suggestif pourrait dévoyer les esprits et exciter les imaginaires. D'ici qu'elles aillent *faire le trottoir*...

ÊTRE UNE (GRANDE) ASPERGE

être une personne grande et maigre

Dans le conte moderne d'Amélie Nothomb *Barbe bleue*, l'étudiante Saturnine et un aristocrate espagnol savourent des mets raffinés qui tous s'avèrent symboliques. Un soir, il fait servir le légume princier entre tous, des asperges. « Je n'ai pas choisi l'asperge au hasard, dit don Elemirio. Vous ressemblez à une asperge. Vous êtes longue et mince, votre parfum n'en évoque aucun autre, et rien sur terre n'égale l'excellence de votre tête. » Le noble esthète se garde bien d'employer l'expression *grande asperge*, qui reste familière.

L'asperge est un légume très apprécié des Grecs et des Romains, puis oublié au Moyen Âge, avant de garnir les tables royales d'Europe à partir du XVIe siècle. On utilise la locution *être une asperge* depuis le début du XIXe siècle, époque où l'asperge commence à se démocratiser. Le mot d'*asperge* vient du latin *asparagus*, lui-même pris du grec *asparagos*, « pousse ». L'usage a cohabité avec l'expression populaire *asperge montée* (c'est-à-dire « montée en graine »), qui dépeint une femme dégingandée avec des jambes grêles.

STÉPHANE MARIE RAMÈNE SA FRAISE

Qui, comme moi, mange des asperges (je les adore!), ne peut comprendre cette expression que s'il est allé, au cours de l'été, se promener dans les champs où elles sont cultivées. Finalement, dans notre assiette, nous ne voyons qu'un turion d'environ une trentaine de centimètres. L'asperge, c'est beaucoup plus que cela. À la fin de la récolte, les maraîchers doivent impérativement laisser pousser quelques-uns de ses bourgeons afin que la plante se développe et nourrisse ses griffes (c'est le nom de ses racines charnues). Ce joli feuillage va mesurer jusqu'à deux mètres, puis sécher. En début d'hiver, le jardinier détruit les buttes qu'il avait montées et les recouvre d'un fumier bien décomposé. Au printemps (heureusement, les asperges poussent dans des sols légers), les buttes ou andains sont remontés afin que les bourgeons croissent dans l'obscurité du sol et que la partie blanche soit la plus longue possible. En avril, lorsque le bourgeon pointe au-dessus des andains, il faut prendre une gouge pour aller les décrocher au plus près des racines.

L'asperge est un légume qui demande beaucoup de soins, elle est délicieuse, c'est cela qui est grand.

COUP DE

BAMBOU

insolation, accès de folie, facture excessive

Enfin une expression végétale qui nous sort de nos jardins à pot-au-feu ! Le *coup de bambou* nous fait voyager avec les colons européens jusqu'en Inde. *Bambu* puis *bambou* est emprunté du portugais au XVIe siècle, et vient de langues dravidiennes de la côte ouest de l'Inde : le marathe et le gujarati. On dépiste sa première occurrence dans la *Description du premier voyage faict aux Indes orientales par les François* en 1603.

L'expression a un sens tout à fait concret au XVIIe siècle, et ce n'est qu'au début du XXe siècle, au départ chez les soldats d'infanterie d'Indochine, qu'elle prend le sens d'« insolation » dans *attraper un coup de bambou*, puis d'une crise de délire spécifique aux mystérieux territoires coloniaux avec la forme *avoir le coup de bambou*. Claude Lévi-Strauss raconte

dans *Tristes tropiques* (1955) la mésaventure d'un père jésuite hongrois qui, en pleine forêt amazonienne, « fut pris d'une crise du genre de celle que nos coloniaux appellent "coup de bambou". À travers les parois de la mission on l'entendait insulter son supérieur qui, plus que jamais fidèle à son personnage, l'exorcisait à grand renfort de signes de croix et de *Vade retro, Satanas* ! »
De nos jours on emploie souvent l'expression *c'est le coup de bambou* à propos d'une facture trop salée.

STÉPHANE MARIE RAMÈNE SA FRAISE

Synonymes d'exotisme, les bambous sont originaires d'Asie, des deux Amériques, d'Afrique et d'Océanie, et sont absents d'Europe. Cette absence explique l'attrait des Européens notamment pour les laques de Chine et du Japon importés au cours du XVIIe siècle. D'ailleurs, le motif sculpté des cannes de bambou, évoquant l'idée du voyage, sera appliqué à de nombreux meubles dans les salons européens. À la fin du XIXe siècle, l'engouement pour le japonisme inspire la création de meubles et d'objets décoratifs fabriqués en canne de bambou dont des tables, des fauteuils, des sellettes, des miroirs, etc. Le pays du Soleil-Levant comme si vous y étiez! Les bambous, les vrais, s'installent à cette époque dans nos jardins. Parmi eux, deux espèces particulièrement bien adaptées à nos climats, *Pseudosasa japonica* à large feuille et *Phyllostachys*, ce dernier étant malheureusement capable d'envahir tout un terrain et même de passer sous les clôtures pour déclarer la guerre au voisinage.

Rare hier, redouté aujourd'hui, c'est le coup de bambou.

Glisser une peau de BANANE à quelqu'un

procédé déloyal destiné à causer du tort à quelqu'un

Le coefficient de frottement d'une peau de banane sur le sol est comparable à celui d'un ski sur la neige. Oui, cela a bien été calculé. Mais cela n'arrive pas tous les jours de rencontrer une peau de banane sur son chemin, alors d'où vient cette idée saugrenue ?

À l'Exposition universelle de Philadelphie en 1876, on vend des bananes tout juste importées de Panama. C'est un grand succès, et le fruit devient le préféré des Américains, qui le consomment en *street food*. Les trottoirs sont jonchés de peaux de bananes coupables de maintes jambes cassées et même de décès. Le lâcher nonchalant de peau de banane devient un geste incivique, synonyme de *mauvaises manières*. Saint-Louis interdit officiellement de les jeter sur la voie publique en 1909. Avec le développement des services de propreté dans les villes, le problème est rapidement résolu, mais le théâtre comique s'en est déjà emparé. Au tournant de 1900, le comédien *Sliding* Billy Watson devient célèbre pour son « *sliding act* » sur peau de banane. C'est Charlie Chaplin qui porte en premier le gag à l'écran dans *By the sea* (1915) ; il se fige dans les années 1920 en séquence codifiée inspirant l'expression idiomatique. La présence de la banane devient malveillante et le fruit synonyme d'*embûche*, *piège*. On parle de *se prendre une banane* pour « subir un revers ».

STÉPHANE MARIE RAMÈNE SA FRAISE

Glisser une peau de banane à quelqu'un? Non! Mais au jardin n'hésitez pas, il ne s'en portera que mieux. C'est incroyable comme ces peaux sont nourrissantes pour les plantes. Elles regorgent de sels minéraux, en particulier de calcium, de magnésium ou encore de potassium, qui favorisent floraisons et fructifications. Découpez des peaux de banane en lanières et disposez-les autour du pied d'un rosier. Vous serez surpris du résultat. Au potager, lors de la plantation des tomates, des aubergines ou des cucurbitacées, déposez-en une poignée au fond du trou, recouvrez-la de terre afin que les peaux ne soient pas en contact direct avec les racines. Leur décomposition permettra à la plante de se renforcer. Si vous pratiquez l'hydroponie, faites macérer des peaux de banane durant quatre à cinq jours dans un récipient d'eau. Filtrez l'eau de macération avant de la mélanger à celle du circuit pour donner un véritable coup de fouet à vos cultures. Enfin, disposées en paillis au pied des plantes, les peaux de banane feront disparaître les pucerons.

Vive les peaux de banane, bios bien sûr!

CHARRIER (CHERRER) DANS LES BÉGONIAS

exagérer

Autant arrêter notre char : on peut dire qu'on ignore bien pourquoi *on charrie dans les bégonias* plutôt que dans les rhododendrons ou les hortensias. Cette plante à fleurs tropicale est baptisée par le botaniste Charles Plumier du nom de Michel Bégon, gouverneur de Saint-Domingue à la fin du XVIIe siècle. Mais cela ne fait pas vraiment avancer le schmilblick.

Et *charrier*, alors ? Signifiant au XIe siècle « transporter dans un chariot », le verbe évolue vers « entraîner dans son cours » en 1600. En langage argotique, il prend le sens de « tourmenter » au XVe siècle puis au XIXe siècle « duper » ou « voler par escroquerie, en usant de mystification ». C'est d'ailleurs de là que vient *char*, ou *charre*, dans le sens de « bluff » (à la fin du XIXe siècle). Avec tous ces chars qui charrient, on s'y mélange un peu les pédales et *charrier* se voit influencer par *cherrer*. Dérivé de *cher* au sens de « fort », le verbe signifie en 1915 « se moquer de quelqu'un en exagérant, renchérir ». *Cherrer* s'utilise complété d'une denrée et l'on peut *cherrer avec le beurre*, *cherrer sur les ananas*, *cherrer dans le brie*. *Cherrer dans les bégonias* allonge la liste, et l'on peut supposer que l'expression devient un gag amusant avec *charrier* si l'on se souvient de son sens premier de « mouvoir une carriole » ; on imagine en fait une voiture écraser des plates-bandes impeccables de bégonias. Sacrilège !

Pauvres fleurs, il arrive aussi de *tomber dans les bégonias*, histoire de changer de *tomber dans les pommes*.

UNE DRÔLE DE BINETTE

une figure comique ou ridicule

En janvier 1869, Gustave Flaubert écrit à son amie George Sand qu'il ne voit personne et vit « comme un ours empaillé ». Il est cependant sorti une fois cette semaine pour des mondanités locales à la préfecture de Rouen : « Mes compatriotes ont des binettes gigantesques et je me suis très amusé. Pourquoi ne sent-on pas le comique, quand on est jeune ? » Ne daignant pas commenter lesdites *binettes* plus avant, l'écrivain se gausse du parler populaire : il badine avec un autre produit du XIXe siècle, *pignouf*, qui se décline en *pignouflard* et *pignouflarde*.

Le mot *binette*, synonyme de *visage*, *bouille*, est tout à fait de son temps, apparu dans les années 1840, et bien qu'il ne soit pas ancien, on n'a guère de certitude quant à son origine.

On a longtemps cru qu'il venait de la perruque de style XVIIe siècle surnommée « binette » du nom du perruquier de Louis XIV, Benoît Binet. Ainsi lit-on en 1861 : « Vous avez une bien jolie binette ! disait-on lorsqu'on voulait complimenter quelqu'un sur la beauté de sa perruque. Aujourd'hui, et sans savoir pourquoi, on dit souvent par moquerie : Oh la drôle de binette ! »

Autre théorie, on a pu tirer le mot de *trombine*, « tête ridicule », ou de *bobinette*. Mais l'hypothèse de la *bobinette* cherra parce que c'est plutôt *bobine* qui signifie « visage ». Une seule chose est sûre, la binette qu'on utilise pour biner son jardin n'a rien à voir avec la « drôle de binette ». Le mot *binette* un peu vieilli en France a trouvé repreneur chez les Québécois qui s'en sont emparés pour désigner ce que nous appelons « smiley » dans notre pratique des messages électroniques.

AVOIR DU BLÉ

avoir de l'argent

Entre le blé, l'oseille, les patates, les radis… on est un peu perdu, mais ce qu'il y a de sûr, c'est que nous sommes une nation de paysans et de cuisiniers. L'association du blé à la richesse est la plus ancrée dans notre culture, on l'évoque depuis le XVIe siècle par métaphores mais le *blé* ne devient vraiment synonyme d'*argent* en argot qu'en 1850, avant d'être à la mode dans les années 1960-1980.

Le mot *blé* est issu du francique *blad*, « produit de la terre », et renvoie en ancien français à toutes sortes de céréales, voire de légumes, ce qui explique qu'on l'utilise pour d'autres farines que le froment. La production de blé et la gestion des stocks ont toujours été un enjeu capital de notre société. Il va de soi que l'Occident est une civilisation du blé, comme d'autres possèdent le riz ou le maïs. C'est le pain qui nous permet de vivre et l'on parle dès le XVIe siècle de *gagner son pain*, d'un *gagne-pain*. On se résout d'un *ça ne mange pas de pain* depuis le XVIIe siècle alors que *pour une bouchée de pain* s'utilise à partir du XVIIIe siècle.

Tant qu'on peut acheter du pain, tout va bien. Mais, s'il vient à manquer, les révolutions grondent... Le 6 octobre 1789, huit mille femmes escortent la famille royale à Paris depuis Versailles. Elles sont venues réclamer du pain, qui fait défaut à cause de difficultés d'acheminement. Brandissant les têtes des gardes au bout de leurs piques, elles chantent : « Nous ne manquerons plus de pain ! Nous ramenons le boulanger, la boulangère et le petit mitron » ! Victoire : le cortège est suivi par cinquante voitures chargées de grain et de farines.

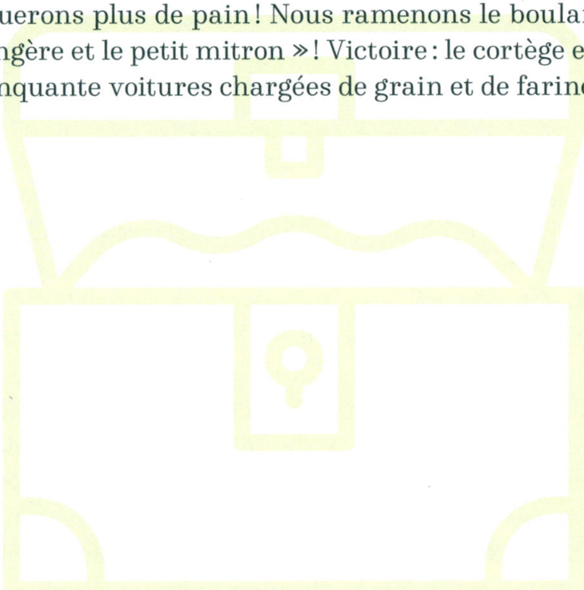

MANGER SON BLÉ EN HERBE

dépenser son revenu d'avance
dilapider

Manger le blé avant qu'il ne mûrisse, à l'état de jeune pousse verte, quelle drôle d'idée ! Une céréale est dite *en herbe* lorsqu'elle se trouve en début de croissance, souple et point encore dorée. Voilà donc une expression écologique avant l'heure, puisqu'elle stigmatise l'usage irraisonné des ressources naturelles, ce dès le XVIe siècle !
Panurge, devenu châtelain de Salmigondin, dilapide son patrimoine en « abastant boys, bruslant les grosses souches pour la vente des cendres, prenent argent d'avance, achaptant cher, vendent à bon marché, & mangeant son bled en herbe ». À Pantagruel, qui lui expose toute la difficulté de devenir

riche de cette façon, il explique qu'il épargne ainsi les efforts des faucheurs, glaneurs, batteurs, meuniers et boulangers, et donne sa recette de blé vert : « De bled en herbe vous faictez belle saulse verde, de legière concoction : de facile digestion. » Sans doute eût-il dû en laisser la primeur à ses moutons. Rabelais tire la leçon au figuré de *manger ainsi son blé en herbe* au sens propre : Panurge engloutit en deux semaines trois ans d'exploitation de son domaine.

De nos jours, l'expression s'emploie métaphoriquement, comme Colette qui titre son livre sur l'adolescence *Le Blé en herbe*, ou Ernest Renan s'adonnant à une méditation sur la postérité : « Je sais que jamais un vrai grand homme n'a pensé qu'il fût grand homme, et que, quand on broute sa gloire en herbe de son vivant, on ne la récolte pas en épis après sa mort. »

ÊTRE FAUCHÉ COMME LES BLÉS

n'avoir pas d'argent (ou peu)

Qu'on soit *fauché* tout court, *fauché comme les blés* ou bien qu'on nous *ait fauché* notre portefeuille, le résultat est le même et l'on sera d'ailleurs soulagé d'apprendre que cela procède de la même étymologie. *Fauchier* puis *faucher*, qui découle de *falcare* en latin populaire, signifie « couper des végétaux avec une faux » et connaît dès le XIIe siècle des usages figurés, comme celui de « tuer en grand nombre ».

Ce sont les pickpockets du XVIIIe siècle qui déterminent le sens argotique de *faucher* pour « dérober » ; leur art consiste en effet à couper les cordons de la bourse qui pend à la ceinture de la noble victime. Au siècle des Lumières, bourses et aumônières réapparaissent après avoir disparu de la garde-robe à la Renaissance - on enfouissait ses menus objets dans des sacs de toile sous les jupons. Pour les dames de la cour, la châtelaine devient l'accessoire *must have* : en argent ou en or, elle s'attache à la taille et se garnit de diverses décorations. On offre aussi en gage d'amour ou d'amitié des bourses en velours froissé, destinées à y ranger ses gains au jeu et brodées d'une inscription : « Voilà mon trésor » ou « Rien ne m'arrête ».

Plus tard, le mot *faucher* passe par la guillotine ; au début du XIXe siècle on va *faucher la tête du criminel* avec l'élégance de la métaphore, et quelques décennies après l'homme ruiné se retrouve « fauché ». Quand, vers 1900, on est *fauché comme les blés*, on superpose sens propre et sens figuré de *faucher* tout en faisant un clin d'œil à l'usage argotique de blé pour « l'argent ».

GUEULE DE BOIS

malaise succédant à un excès de boisson

Gueule de bois fait trop familier ou plutôt trop étudiant avachi pour satisfaire aux exigences gréco-hermétiques du jargon médical - car oui, c'est une affaire médicale, qui possède donc son terme approprié : sachez que, lorsque vous ressentez céphalée, nausée, vertiges et troubles cognitifs suite à une soirée arrosée, vous êtes en état de « veisalgie ». Ce néologisme récemment inventé par des médecins américains est combiné du norvégien *kveis*, « inconfort succédant à la débauche », et du grec *algia*, « douleur ». Voilà qui est plus sérieux.

Cependant, la médecine n'a pas éclairci tous les mystères de cette affection. On sait que l'inconfort croît à mesure que diminue le taux d'alcool dans le sang, pour parvenir à son apogée lorsqu'il est à zéro. Toutefois, prévenons tout de suite les *têtes de bois*, boire un verre ne guérit que s'il est d'eau. L'expression *gueule de bois* décrit au moment de son apparition au début du XXe siècle la simple sensation de bouche pâteuse, engourdie, qui advient au réveil. *Bois* est employé dans son sens de matière travaillée, très dure, qui s'exprimait avec le latin *materies* par opposition au *lignum* du bois qu'on ramasse en forêt. Les expressions *…de bois* abondent depuis longtemps, parmi elles *visage de bois* (« un air fermé, peu avenant ») depuis la fin du XVIe siècle. Quant à *gueule*, du latin *gula*, « gorge, gosier, bouche », le mot désigne à partir du XIIe siècle aussi bien la bouche d'un animal que celle de l'homme, organe servant à ingurgiter avec ou sans modération.

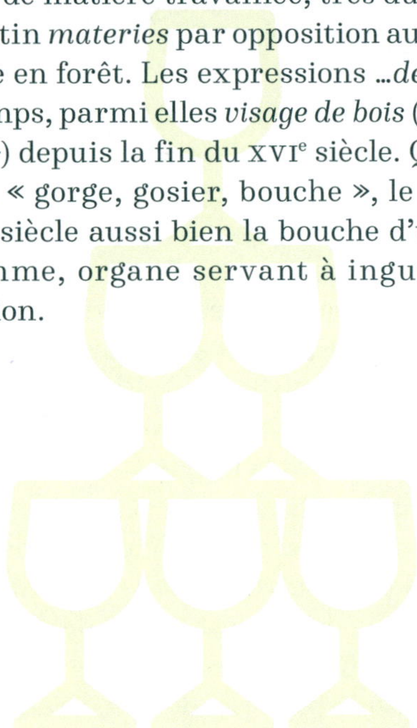

LANGUE DE BOIS

**discours stéréotypé, figé ;
langue officielle des puissants**

En tant que spectateurs d'allocutions télévisuelles officielles, on croit tout savoir sur la *langue de bois*, et l'on se trompe lourdement. Elle fait certes partie du quotidien de nos pauvres oreilles mais on ignore sa fascinante histoire. Quelle est la langue de bois originelle, l'indo-européen du blabla politicien ?
C'est la propagande du régime soviétique, et par extension de tous les pays totalitaires marxistes mais aussi du PCF. La première langue de bois est nouée de « produit social », de « travail socialement nécessaire » ; elle est si liée à l'exercice du pouvoir qu'on a pu parler de « logocratie ». L'expression est entrée en douce dans la langue française au milieu du XXe siècle, pour devenir à la mode chez les journalistes dans

les années 1970-1980. Certains invoquent l'influence de l'expression polonaise *dretwa mowa*, « langue figée », apparue au moment de Solidarność, et qui trouverait ses racines dans *derev'annyj jazyk*, la « langue de chêne » russe, expression datant de 1850 par laquelle on désigne satiriquement le jargon de la bureaucratie du tsar, qui glisse en *langue de bois* du temps des bolcheviks.

Dès la fin des années 1970 en France, la langue de bois s'ouvre à tous les partis dans le sens de « langage creux et convenu tenu par un détenteur d'une forme de pouvoir ». Aujourd'hui tous prétendent *parler vrai*, mais qui embouche cette nouvelle langue de bois risque fort de tomber sur une bûche.

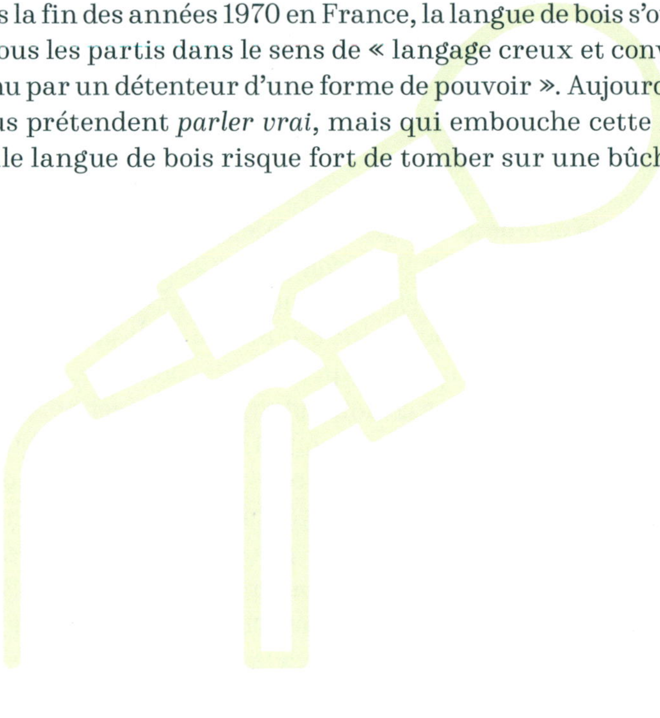

MONTRER DE QUEL BOIS ON SE CHAUFFE

montrer de quoi on est capable pour se défendre

Voilà plus de quatre siècles que les Français savent *montrer de quel bois ils se chauffent. Chauffer* reprend les sens latins de *calefare*, « rendre chaud » et « exciter » ; l'expression remonte au moins à 1580. Au XVIe siècle, *le bois dont on se chauffe* est une métaphore du mode de vie, et *savoir de quel bois quelqu'un se chauffe* signifie simplement « savoir comment il se conduit ». Ce n'est qu'au XVIIe siècle que la bûche enflammée fait figure de menace. Le paysan anobli George Dandin se plaint à Monsieur de Sotenville que son épouse Angélique lui est infidèle, et le beau-père feint la sévérité : « Suivez-moi, mon gendre, et ne vous mettez pas en peine. Vous verrez de quel bois nous nous chauffons lorsqu'on s'attaque à ceux qui nous peuvent appartenir. » (Molière, 1668.) En vérité, le mari trompé va bientôt prendre du bâton, et sera réduit à voir, impuissant, les bois pousser sur son crâne. On peut constater de quel bois se chauffent les Sotenville… Pour éteindre les insoutenables feux des amours de sa femme et des camouflets des beaux-parents, Monsieur de la Dandinière n'a plus qu'une chose à faire : « Lorsqu'on a, comme moi, épousé une méchante femme, le meilleur parti qu'on puisse prendre, c'est de s'aller jeter dans l'eau la tête la première. »

STÉPHANE MARIE RAMÈNE SA FRAISE

Alors, comme ça, vous voulez vraiment savoir de quel bois je me chauffe ? Surprise ! C'est avec du frêne. Un arbre formidablement généreux qui propose ses branches pour faire des manches à outils, comme ceux de ma bêche et de ma pelle.

Cet arbre, *Fraxinus excelsior*, est un habitué des haies du bocage. Sa croissance est plutôt rapide. Côté longévité, il n'est pas rare qu'il affiche l'âge vénérable de deux cent cinquante ans. Dans le bocage du Cotentin, comme dans le Marais poitevin, sa taille demeure plus modeste quand il est traité en « trogne » ou en « têtard ». Une pratique qui veut que, tous les quinze ans, ses branches en haut du tronc, à environ deux mètres cinquante, soient coupées ou, en langage jardinier, « rabattues » à leur base. Une manière de produire du bois de chauffe rapidement. En plus, grâce à l'essence qu'il sécrète, il brûle bien, avant même d'être sec.

Voici de quel bois je me chauffe.

SORTIR DU BOIS

se manifester

« Il court, il court, le furet
Le furet du bois, Mesdames,
Il court, il court, le furet
Le furet du bois joli. »

Au lecteur de déchiffrer la contrepèterie… Le « bois joli », c'est l'abbé Dubois, haut diplomate réputé amateur de nobles belettes à la cour du Régent, Philippe d'Orléans : un fieffé « coureur de bois » ! Ce n'est pas vraiment au bois sacré qu'il cavale, ce furet-là. Mieux vaut ne pas le *rencontrer au coin du bois* si l'on ne veut pas *faire porter du bois* à son mari… Et le loup guette aussi, tapi dans les sous-bois, s'inquiète pour son estomac ; les gargouillis lui font pointer le museau hors de sa cachette.

Quand le gibier de la forêt se fait rare, le loup songe à s'aventurer près des élevages.
Le proverbe dit que *la faim fait sortir le loup du bois*, autrement dit la nécessité nous fait faire bien des choses. On parle communément de *faire sortir le loup du bois*, ou simplement *sortir du bois* : « apparaître au grand jour ». Le *bois* est employé dans le sens d'étendue couverte d'arbres, espace sombre et secret.
Le mot - pouvait-il en être autrement ? - semble avoir des origines germaniques lointaines. *Bois* existe depuis mille ans et plonge ses racines dans les selves rhénanes, il est probablement issu du francique *bosk*. Autre contrée forestière, le Canada entend le mot *bois* de manière différente du français de France. Alors que ceux de France sont bien circonscrits, les bois canadiens peuvent s'étendre à perte de vue et les Québécois sortent du bois pour d'autres raisons que les nôtres. *On n'est pas sorti du bois* équivaut à *on n'est pas sorti de l'auberge* chez les Français. À chacun ses embûches...

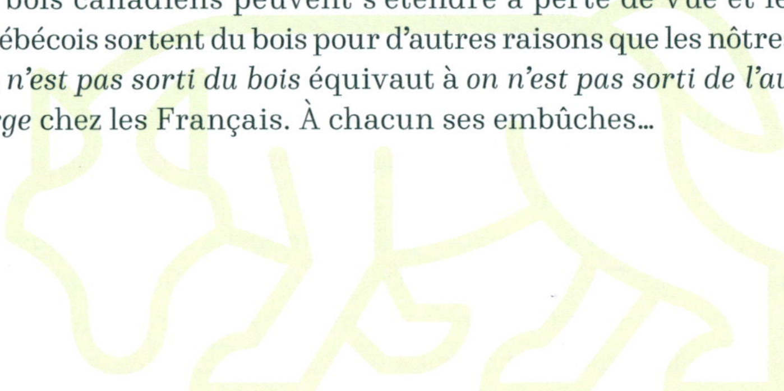

TOUCHER DU BOIS

conjurer le mauvais sort en posant la main sur un objet en bois

Sur de vertes pentes de l'Épire se trouve un sanctuaire entouré de chênes où a siégé peut-être le plus ancien oracle grec, dès l'âge du bronze. Hérodote, Platon, Apollodore, Hésiode, tout le monde parle du chêne sacré de Dodone par lequel se fait entendre la parole de Zeus. On ignore jusqu'où la tradition remonte, mais elle est attestée dès les temps homériques. L'arbre oraculaire est un chêne bien précis. La prophétesse, juchée sur un trépied sous les frondaisons, écoute le vent bruisser dans le feuillage et y perçoit la réponse à la question du pèlerin.
Bien plus tard, Saint Louis va choisir de rendre la justice sous un chêne. Ce sont les grands arbres comme les chênes,

peupliers, pins que la foudre frappe le plus souvent, et leurs racines s'enfoncent loin dans le sol. Le bois, et le contact avec celui-ci, permet de se mettre en lien avec les forces terrestres et célestes à la fois. Voilà l'une des origines possibles de la superstition de toucher du bois, entrée dans la langue française sous la forme d'une expression performative.

Même si l'on ne croit pas à la magie, qui veut se mettre à dos le destin ? « Je ne suis pas superstitieux mais je voudrais toucher du bois pour ne pas le devenir », confie Jacques Prévert. Contrairement à la plupart des expressions, *toucher du bois* n'a rien de métaphorique et l'on joint habituellement le geste à la parole, parfois en se touchant la tête comme une bille en bois.

On *touche du bois* depuis le début du XXe siècle, l'usage est donc assez récent. C'est justement pourquoi ses origines ancestrales nous échappent : le bois de la sainte Croix, les arbres des Celtes, des Égyptiens ou des Perses, tout est bon.

UNE VOLÉE DE

BOIS VERT

une sévère réprimande, de violentes critiques

Qui aime bien châtie bien, on le sait déjà, mais comment faire le plus mal possible ? Il faut un outil, assurément. Le fouet n'est pas mal, mais il importe de varier les plaisirs, et le bâton n'est plus à prouver. Pour plus d'efficacité, le français conseille de le choisir bien frais, plein de sève, afin d'assurer son élasticité, garante d'un soufflet vif et cinglant. Du « bois vert », voilà qui est parfait. Voyons le geste, à présent. Il convient d'avoir la main sûre et rapide, et une amplitude de mouvement telle que les coups pourront être portés en série. L'application de la correction *en volée* répondra le mieux aux attentes.

La *volée de bois vert* se pratique au sens propre dès 1784, mais un petit siècle plus tard on reconnaît que les bâtons les plus

durs sont souvent les mots, et l'expression ne s'emploie plus qu'au figuré pour désigner des critiques acerbes.
On se consolera en pensant que *volée* est un joli mot exprimant à l'origine l'envol des oiseaux (XIIe siècle) et l'expression *à la volée* s'élance dans différentes directions, dont celle d'une action « très vive et rapide » au XVe siècle. *Volée* s'emploie aussi dans le sens d'« action de se mouvoir en l'air » à propos d'une balle, puis d'un « jet simultané de plusieurs boulets de canon » (1590). Les Français assènent *une volée de coups* à partir de 1650, d'où une *volée de bois vert*. Au Canada et en Afrique, celui à qui l'on *donne un coup de bois* (de bâton) ne jugera sans doute pas que cette leçon *envoie du bois.*

C'EST LE BOUQUET !

c'est le comble !

On comprend vite l'expression si l'on pense au « bouquet final » d'un feu d'artifice, un usage qui remonte à la fin du XVIIIe siècle. *C'est le bouquet* éclôt juste après, au début du XIXe siècle. Le mot *bouquet* prend ici le sens d'« apogée, dénouement », c'est ce qu'il y a de mieux qui arrive à la fin ou, ironiquement, ce qu'il y a de pire. L'ancien français *bos*, *bosc*, « bois », est utilisé sous forme de diminutifs en dialectes régionaux : *boquet*, *boscet*, *boschet* (« bosquet ») au XIIe siècle, devenant *bocquet* et *bouquet* au XVe siècle, qui renvoie à un assemblage de fleurs, ou en pyrotechnie une gerbe d'explosions qui forme le clou du spectacle.

C'est de ce bouquet qu'il parle quand Vidocq raconte à propos d'un jardinier embauché sur un navire de guerre : « On t'envoya faire la manœuvre de haubans sur du trente-six, et lorsqu'il te fallut mettre le feu au mortier sur la bombarde ! C'était là le bouquet ! » (*Mémoires de Vidocq, chef de la police de Sûreté jusqu'en 1827*, 1828.)

STÉPHANE MARIE RAMÈNE SA FRAISE

Un bouquet? Oui! Mais un bouquet de quoi?

Le bouquet est la réunion harmonieuse d'éléments végétaux. Pas uniquement des fleurs assemblées dans un vase bien choisi. Non. Un bouquet désigne aussi un groupe d'arbres plantés au milieu d'une prairie ou sur une grande pelouse.

Au XIXe siècle, de grands paysagistes rivalisent d'imagination pour créer des associations d'espèces. Ainsi, les frères Denis et Eugène Bühler mêlent des arbres de croissance rapide à d'autres, de pousse plus lente, afin de ne conserver, trente ans plus tard, que ces derniers. Ils prennent soin de mélanger des essences aux feuillages caducs avec d'autres aux feuillages persistants. À cette époque, les conifères sont les rois. À Nantes, les Noisette, une autre famille de grands jardiniers, sont passés maîtres dans l'art de les regrouper.

L'avantage de ces bouquets était qu'ils produisaient, assez rapidement, une imposante masse végétale tout en suggérant, vus de loin, la présence d'arbres beaucoup plus âgés. Histoire de laisser croire à un parc plus ancien.

Vouloir paraître plus vieux... C'est le bouquet!

ÊTRE COMME L'OISEAU SUR LA BRANCHE

occuper une position précaire, incertaine

« Soyez comme l'oiseau, posé pour un instant
Sur des rameaux trop frêles,
Qui sent plier la branche et qui chante pourtant
Sachant qu'il a des ailes ! »

Une expression si poétique mérite une belle citation, qu'on doit à Victor Hugo (*Dans l'église de* ***, 1814). Puisque notre âme est promise à l'éternité, pourquoi craindre le moment où la branche cassera ? Victor Hugo déploie l'expression *être comme l'oiseau sur la branche* en une prière délicate sur la fragilité de l'existence. Le caractère

B

négatif de la locution est tourné en positif et la vulnérabilité éphémère de la position de l'oiseau pourrait bien devenir une sublime légèreté.

On emploie cette jolie expression depuis le XVIIe siècle, et notre langue a toujours joué du mot *branche* dans des métaphores où l'homme se voit en petit être de la forêt. Étymologiquement, la branche est animée, elle vient du bas latin *branca,* « patte d'un animal ». On dit *de branche en branche* (« successivement ») depuis le XIIIe siècle, et *sauter de branche en branche* (« d'un sujet à l'autre ») ainsi que *s'accrocher à toutes les branches* (« se servir de tous les moyens nécessaires ») datent du XVIIe siècle.

Lequel est le plus fragile : l'oiseau sur la branche qui à chaque instant peut se briser, ou l'arbre de vie, qui s'accroche à ses branches comme on s'accroche à ses bretelles ?

SCIER LA BRANCHE SUR LAQUELLE ON EST ASSIS

compromettre sa position ;
s'attaquer à la situation dont on bénéficie

Sganarelle adosse son échelle à un arbre et grimpe muni d'une grande scie ; tout en se chamaillant avec sa femme Martine dans un style de *commedia dell'arte*, il s'emploie consciencieusement à *scier la branche sur laquelle il est assis*. Le public attend l'épilogue cocasse… ô surprise, l'arbre tombe et la branche impassible demeure figée en l'air. Dans cette mise en scène du *Médecin malgré lui* de Molière donnée à la Comédie-Française en 1990, Dario Fo renouvelle le vieux gag proverbial.

À partir des années 1880, *scier* (sous-entendu : la branche) signifie en argot « détruire la situation », « faire disparaître, éliminer, congédier brutalement », ou encore « ruiner » une personne ou une entreprise. Il semble qu'en y joignant *la branche sur laquelle on est assis* à la fin du XIXe siècle on ait ajouté une touche de comique à l'expression, qui en perd son cachet argotique.

La Revue des deux mondes parle en 1896 de « l'intellectualiste, aux prises avec ses propres conceptions, [...] porté, par scrupule et subtilité, à se défier de ses propres postulats, à scier la branche sur laquelle il est assis ». De l'intellectuel à Sganarelle, le coup de l'élagueur étourdi n'épargne personne.

STÉPHANE MARIE RAMÈNE SA FRAISE

J'ai souvent fait le rêve que j'étais assis à califourchon sur une branche, une scie dans la main droite, la main gauche se cramponnant à cette même branche. Le rêve se transforme en cauchemar quand, tout en sciant, je me rends compte que je m'apprête à commettre l'irréparable, que je vais inéluctablement être entraîné vers l'abîme. Mais impossible de m'arrêter et je continue à faire aller et venir la scie dans le bois. Juste avant la chute, je me réveille. En général, les cauchemars ont la délicatesse de cesser un millième de seconde avant d'atteindre leur paroxysme. Cette branche, nous la connaissons, c'est la Terre, cette planète bleue, unique, qui nous accueille. La scie mord le bois en continu, mais cette fois, il faut la stopper sans tarder car il n'est plus question ici ni de délicatesse, ni de rêve.

VIEILLE

BRANCHE

vieux camarade

Cela fait-il plaisir d'être appelé du nom d'un bâton noueux, ridé de tranchées rugueuses et rongé de vermine ? Toujours est-il que l'appellatif affectueux se donne depuis le milieu du XIXe siècle et s'appuie sur l'idée de soutien fidèle que peut représenter une vieille branche, bâton solide qui par définition n'a jamais cassé.

L'usage est très familier, on le rencontre d'ailleurs au bistrot lorsque Lantier retrouve ses compères, dans *L'Assommoir* de Zola. « Ils furent pris brusquement d'une joie bruyante, ils s'allongèrent des claques, se gueulèrent des mots de tendresse dans la figure, Coupeau surtout, soulagé, rajeuni, qui appelait les autres "ma vieille branche" ! »

L'argot s'est décidément attaché à la poétique des poutres puisque la métaphore est la même que pour *pote*, qui dériverait de *poteau*. On en décèle quelques apparitions au Moyen Âge mais l'usage courant date du XIXe siècle, quand les forçats nomment « potot » puis « pote » un ami, les voleurs leur chef de bande, les mafieux un homme du milieu. À la différence du pote, la *vieille branche* est un ami de toujours, qui fait partie du paysage. C'est finalement un petit poème mélancolique que cette expression, et Léo Ferré l'a bien compris, dans sa chanson *Ma vieille branche*.

> « T'as des cheveux comme des feuilles mortes
> Et du chagrin dans tes ruisseaux
> Et l'vent du nord qui prête main-forte
> À la mère pluie qu'est toute en eau
> Ma vieille branche »

BÛCHER

travailler avec acharnement

Sur ce sujet, ce sont assurément les Canadiens qu'il faut consulter. Le français du Québec a préservé l'ancien sens de *bûcher*, « abattre des arbres, couper du bois à la hache ». Cela remonte en France au XIVe siècle ; au Moyen Âge *buscher* puis *bûcher* signifie plus largement « travailler le bois à la hache ». Vers 1850, on se lasse apparemment de *bûcher* et le verbe prend le sens figuré de « travailler avec acharnement ». En ce temps-là, si l'on tient vraiment à *bûcher* au sens propre en France, cela signifie qu'on taille de la pierre - cherchez l'erreur. Le Québec emploie aussi le mot pour « travailler dur » et a même créé *bûchage* à la fin du XVIIIe siècle, d'abord pour le coupage du bois puis pour désigner le fait de travailler d'arrache-pied, vers 1875.
Le bûcheron sachant bûcher fait un beau bûchage, en bon bûcheur. En France, le *bûcheur* est un « bosseur », au Canada

il a aussi été un « bûcheron ». *Bûcher* vient sans surprise du mot *bûche*, qui donne du fil à retordre aux linguistes. Il y a bien *buska* dans le monde gallo-roman du XIe siècle, signifiant « bois de chauffage ». Toutefois l'origine de ce mot ancien fait débat. Vient-il du germanique *busk*, « baguette », proche de *bosk*, « bois » ? Ou bien du latin *buxus*, « buis » ? Il y a encore du pain sur la planche pour les bûcheurs de la langue. *Au boulot !*
Soit dit en passant, le « *boulot* » qui nous échine n'a rien à voir avec l'arbre décoratif de nos jardins. Le mot *boulot* découlerait plutôt, vers 1900, de *boulotter* qu'on a remplacé peu à peu par *boulonner*.

YOYOTER DU BULBE

perdre la tête, divaguer

Il y a bien de quoi perdre la tête si l'on cherche le sens du jeu de yoyo. Car c'est de là que vient l'argot *yoyoter* ; et pour yoyoter, ça yoyote. On *yoyote de la cafetière, de la mansarde, de la touffe, de la toiture*, et plus rarement *du bulbe* ou *de la calebasse*. Tous sont des synonymes argotiques de la *tête*. Le yoyo est importé en France au XVIIIe siècle par les émigrés de la Révolution, et se nomme alors *émigrette*. Plus récemment, le jeu fait fureur entre 1929 et 1940, si bien qu'on parle de *yoyomanie* !

On ignore l'origine du mot *yoyo* - déposé en 1929 par un Américain qui en fait un commerce florissant - mais il pourrait venir du chinois. Le verbe *yoyoter* date de cette époque, en 1932. Il va servir aux prisonniers dès le milieu du XXe siècle pour décrire le passage d'objets d'une cellule à l'autre au moyen d'une ficelle. Au même moment apparaît aussi le sens argotique d'« être fou ». Le mot *bulbe* vient du latin *bulbus*, « oignon d'une plante », et constitue en argot un équivalent du « cerveau » depuis le XXe siècle, comme dans l'expression *ramolli du bulbe*.

STÉPHANE MARIE RAMÈNE SA FRAISE

S'il y en a qui ne perdent pas la tête, ce sont bien les bulbes.

Indifférents aux aléas climatiques, ils se démarquent des plantes vivaces qui, elles, doivent affronter les hivers les plus rudes et les sécheresses estivales. Non, les bulbes ont une vie beaucoup plus sereine grâce à leur horloge biologique réglée comme du papier à musique. Gorgé des réserves nécessaires à son développement, un bulbe se présente tel un petit coffre protecteur dans lequel le bourgeon contient la plante.

Plantez un bulbe de tulipe à l'automne. Au début de l'hiver, les racines se développent, puis, un peu plus tard, les premières feuilles émergent du sol. Le printemps s'annonce avec les floraisons. Une fois fécondées, les graines grossissent et, d'un coup d'un seul, la tulipe se dessèche, non pas qu'elle ait soif mais son cycle s'est achevé. Comme son bulbe s'est divisé, ce n'est plus une tulipe, mais deux ou trois qui pointeront l'année suivante.

Sans stress, au moment opportun, les bulbes font leur vie. Loin de yoyoter, ils pourraient nous inspirer.

FAIRE L'ÉCOLE BUISSONNIÈRE

manquer l'école pour flâner

Un gamin qui *fait l'école buissonnière* prend en réalité une belle leçon d'histoire. Il se plonge en pleine Renaissance, car l'expression naît vers 1540. Que se passe-t-il à ce moment-là ?

Martin Luther a mis un coup de pied dans la fourmilière européenne vingt ans plus tôt. Excommunié depuis 1521, il poursuit son idée de créer des écoles afin d'alphabétiser filles et garçons, et de former des enseignants qualifiés. À l'époque, l'instruction des enfants est réservée à ceux qui se destinent à l'état ecclésiastique. Les huguenots ont tôt fait de placer des clercs plus érudits que leurs prédécesseurs dans les écoles. Le pape et le roi réagissent vite. Au concile de Trente en 1546, on convient d'encourager le clergé à instruire les enfants. L'école devient un enjeu essentiel et le lieu d'une compétition entre catholiques et réformés. En 1551, un édit oblige les maîtres d'école à se faire approuver par les évêques. Les protestants frappés d'interdit organisent dans les campagnes des écoles en plein champ, cachées dans les buissons…

Ces *écoles buissonnières* font l'objet d'un arrêt du Parlement en 1554, et en 1557 les pédagogues de campagne sont priés de mener leurs ouailles à l'église afin d'ouïr la messe, sous peine de la corde. La seconde moitié du siècle sombre dans les guerres de Religion, auxquelles l'édit de Nantes met fin en 1598. C'est donc au début du XVIIe siècle que le caractère clandestin de *faire l'école buissonnière* glisse pour désigner les bambins qui se planquent dans les buissons sur le chemin de l'école, afin de *sécher les cours*.

MARCHER À LA CAROTTE

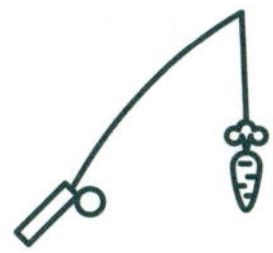

agir poussé par l'appât d'un gain

On imagine que la métaphore vient de l'âne, animal peu docile, convaincu d'avancer grâce à la carotte qu'on lui met sous le nez. Une fois n'est pas coutume, cette fois on aura raison. La carotte, c'est une récompense plus ou moins dérisoire, un avantage promis en échange de l'effort. Il s'agit donc d'une expression assez transparente, sœur de *la carotte et le bâton*, « la prime ou la punition ». La surprise, car il y en a une, se trouve ailleurs : dans la date. On s'attend à un usage ancien étant donné la référence paysanne, mais il date en réalité des années 1960. Peu de gens doivent encore faire avancer un âne à l'époque moderne, et l'on se demande qui a eu l'idée farfelue de *marcher à la carotte*.

Farfelu, dites-vous ? Serait-ce donc une création anglaise ? Il semble en effet que l'expression remontant à la fin du XIXe siècle *to dangle a carrot* (littéralement « agiter une carotte », signifiant « faire des promesses pour attirer quelqu'un ») ait pu inspirer *marcher à la carotte*. Nos amis britanniques utilisent *the carrot and the stick* (« la carotte et le bâton ») pour faire marcher les têtes de mules depuis la fin des années 1940. Carotte et bâton, deux objets de même forme aux effets contraires, qu'on utilise pourtant dans le même but.

La métaphore prend chez nous un sens spécifique en politique et en management, dans l'expression *la politique de la carotte*, qui consiste à promettre des avantages à ceux dont on nécessite le soutien.

SE FAIRE CAROTTER

se faire voler

Bien que les carottes rendent aimable, les expressions auxquelles elles sont associées sont si peu glorieuses qu'elles peuvent rester en travers de la gorge. Au XVIIe siècle on parle de *ne vivre que de carottes* pour « vivre chichement, d'un train de vie mesquin », en faisant allusion aux paysans qui ne peuvent se permettre d'accompagner leur assiette de carottes d'une pièce de viande.
C'est de là que découlerait le verbe *carotter* au début du XVIIIe siècle dans le contexte du jeu, signifiant « jouer petit », puis « jouer peu » au XIXe siècle à la Bourse. Dès les années 1840, *carotter* a aussi le sens d'« escroquer, voler de l'argent ». En argot des casernes, on *carotte* ou bien on *tire une carotte* quand on use de subterfuges pour obtenir une exemption de service.

Arracher une carotte du sol demande en effet un peu de minutie, si l'on ne veut pas que la racine se casse et rester avec une touffe de feuilles à la main. Cela requiert également un peu d'habileté pour soutirer un avantage ou de l'argent à quelqu'un par la ruse ; il faut savoir jouer de sa crédulité pour lui *tirer une carotte*.

STÉPHANE MARIE RAMÈNE SA FRAISE

Originaire d'Afghanistan, la carotte est introduite en Espagne par les Arabes avant de pénétrer l'Europe occidentale au VIIIe siècle. Charlemagne l'inscrit sur la liste des végétaux incontournables de son potager. À cette époque, la racine de la carotte est jaune. Mais, au XVIIe siècle, en Hollande, une carotte à la racine orange serait apparue spontanément. En un siècle, la « longue orange » fait la conquête de toutes les cours européennes. Depuis, ses descendants occupent toujours une belle place sur les étals. D'autres sources démentent cette soudaine spontanéité : cette carotte serait le résultat de l'hybridation d'une carotte rouge et d'une autre, jaune, afin d'obtenir une racine orange en hommage à Guillaume de Nassau dit Guillaume Ier prince d'Orange, libérateur du joug espagnol un siècle plus tôt et « fondateur de la civilisation néerlandaise ». L'orange devient la couleur nationale. Le gouda, célèbre fromage, adopte cette teinte, aujourd'hui obtenue non plus avec du jus de carotte mais avec du rocou, une plante venue d'Amérique latine, dont les graines ont un fort pouvoir colorant, riches en bêtacarotène et en sels minéraux. Finalement, la carotte s'est fait carotter le monopole de l'orange.

LES CARROTTES SONT CUITES

tout est fini, perdu

Mai 1944. « Ici Londres, les Français parlent aux Français. Veuillez écouter, tout d'abord, quelques messages personnels. Les dés sont sur le tapis… Il fait chaud à Suez… Ne faites pas de plaisanteries… » Les résistants écoutent fébrilement la BBC, qui diffuse les instructions dictées par les états-majors pour détruire des cibles. Surtout, ils attendent une phrase bien spécifique. Le 1er juin, quelle joie, le speaker annonce : « *les carottes sont cuites*, je répète, les carottes sont cuites ! » Le signal est donné, le débarquement est imminent. « Les sanglots longs des violons de l'automne » indiqueront bientôt le jour J.

Un choix fallacieux la fausse piste des carottes ? Car on espère bien que ce ne soit pas *la fin des haricots*. Se souvient-on de la vieille association de *carotte* à *crotte* pour dire *merde* aux combattants ? L'expression signifie également que tout est décidé, le sort en est jeté. Nos généraux font-ils allusion au mythique *alea jacta est* que César prononce avant de franchir le Rubicon ? On peut tout imaginer.

En tout état de cause, la mort plane au-dessus du fricot. L'expression s'applique à l'origine à une personne mourante, sous la forme *avoir ses carottes cuites*, à la fin du XIXe siècle. La référence à la carotte, et surtout le fait qu'elle soit cuite, vient peut-être d'une autre expression datant du XVIIe siècle, où l'on raille celui qui fait cuire ses carottes sans viande, alors que le légume consiste plutôt en un accompagnement. *Ne vivre que de carottes* signifie ainsi « vivre chichement, mesquinement ».

SEC COMME UNE CAROUBE

très maigre

« E410 » : voilà qui nous parle davantage que la caroube - cela porte à réflexion. La gomme de caroube est un agent épaississant ou agglomérant, qu'on retrouve sous ce code dans les listes d'ingrédients des produits alimentaires industriels. On utilise aussi la farine de caroube, par exemple pour épaissir les laits infantiles antireflux. Médicalement, il s'agit d'un coupe-faim et surtout d'un antidiarrhéique connu depuis des millénaires.
La caroube est une légumineuse, le fruit du caroubier originaire de Syrie, et sa gangue contient des graines : ce sont elles qu'on utilise, parfois torréfiées - notamment comme ersatz de café ou de cacao. Les graines ont la particularité de peser toutes le même poids, 0,2 gramme, et ont servi d'unité de mesure de masse dans l'Antiquité, pour les pierres précieuses

et les pièces de monnaie. La gloire de la caroube est ainsi d'avoir donné son nom au « carat » des joailliers. *Qirat*, le nom arabe de la graine, vient du grec *keration* et devient en latin médiéval *caratus* (XIIIᵉ siècle), *carato* en vénitien qui donne *carat* de nos jours.

Nous parlons donc d'un noble fruit. Notre langue l'a cependant retenu dans une expression dépréciative, qui fait référence non aux graines mais à la gousse séchée, très longue et foncée. Alphonse Daudet écrit dans *Les Rois en exil* (1879) : « L'un des franciscains, maigre, noir et sec comme une caroube, avait une terrible physionomie de pirate. » On veut dire par là que le frère flibustier présente une silhouette longue, décharnée, noueuse. Le mot *caroube*, d'abord *quaroble* et *caroublе*, vient de l'arabe *karruba*.

PRENDRE LA CLEF DES CHAMPS

s'enfuir

Ce sésame de la liberté, « la clef des champs », enjolive notre langue depuis l'an 1308. Nous sommes sous Philippe le Bel…

En ce temps reculé, on rencontre l'expression dans des proverbes, comme *granz aises est d'avoir les clez des chans* ou *mieulz vault la clef dez champs quant on guerrie ainsi qu'a demourer en fort de vivrez desgarni* ; en clair, il vaut mieux fuir une bataille que de rester dans un fort assiégé sans provisions. Lâcher l'épée pour la clef.

On parle d'*avoir la clef des champs*, c'est-à-dire « être libre de ses allées et venues », et de *prendre la clef des champs*, « décamper ». Quelle est cette clef merveilleuse ? L'usage ressemble à *mettre la clef sous la porte*, qui au XVe siècle signifie « déménager furtivement et rapidement ». La clef constitue au

Moyen Âge un symbole de pouvoir, comme le montre l'expression attestée au début du XIVe siècle *estre clef et serrure*, « être tout-puissant ».

Pour comprendre *la clef des champs*, l'important est de se figurer une chose : la *clef* permet de se libérer d'un enfermement, de sortir d'un lieu clos vers le grand air, et non pas d'entrer dans un champ de navets - ce qui n'aurait aucun sens. Le *champ*, étymologiquement, ne fait pas référence à un terrain cultivé mais à un espace ouvert. Le mot vient du latin *campus* qui désigne « la plaine ». À partir du XIIIe siècle, *les champs* au pluriel renvoient à la campagne par opposition à la ville. Songeons au *rat des champs* de La Fontaine et à une expression pleine de charme du XVIIe siècle : *prendre la poudre d'escampette*, littéralement « prendre la poussière des champs dans sa fuite ».

METTRE LA CHARRUE AVANT LES BŒUFS

faire les choses dans le mauvais ordre

« Ce serait certes grand eschars,
devant le buef iroit li chars »

Ce serait, certes, grande erreur si la charrue allait devant les bœufs. Ainsi parle la sagesse populaire au XIIIe siècle, à juste titre fort préoccupée de questions de charrue. Entre le XIe et le XIIIe siècle a lieu une révolution agricole qui voit se perfectionner l'outil agraire désormais apte aux grands défrichements qui aboutirons à réduire les famines. L'engin servant à labourer le sol consiste en un soc métallique monté sur deux roues et muni d'un mancheron en bois, le tout étant tiré par une paire de bœufs. La charrue ne peut donc être que derrière les animaux de trait, certainement pas devant.

Sous la forme que nous connaissons aujourd'hui, l'expression *mettre la charrue avant les bœufs* date du XVIe siècle et renvoie à un manque de logique, à faire avant ce qui devrait être fait après. Au XVIIe siècle on parle d'une *charrue mal attelée* pour des personnes qui s'accordent mal, et cent ans plus tard *tirer la charrue* signifie effectuer un travail pénible.

STÉPHANE MARIE RAMÈNE SA FRAISE

Il est vain de vouloir tricher avec le temps. C'est sans doute le précepte le plus essentiel que mon jardin m'ait enseigné. Jeune, je courais après le temps, brûlant parfois les étapes, ayant souvent envie d'en finir avec une tâche avant même de l'avoir commencée. Une attitude qui, aujourd'hui, me paraît être le meilleur moyen de passer à côté du plaisir de faire.
Le jardin m'a appris à observer chaque saison, les unes après les autres, à entrer dans leur cycle afin de comprendre mes plantations. Quoi de plus émouvant, en voyant la floraison des cerisiers du Japon que de se dire qu'avril est là et de profiter de cet enchantement qui ne dure que quelques jours ?
Le jardin a remis mes pendules à l'heure, m'interdisant de dire « vivement demain » ou de regretter les journées passées. Mais, au contraire, de toujours essayer de vivre au mieux le présent.
Ce travail quotidien au jardin me rappelle sans cesse qu'il est absurde de vouloir mettre le corbillard avant les chevaux. Pardon les bœufs !

PRENDRE UNE CHÂTAIGNE

recevoir un coup de poing

Quel est le point commun entre une châtaigne, un marron, un pain, une prune, une pêche, une patate, une poignée de salsifis et une noix ? Cela fait mal. Inoffensifs, les fruits et légumes ?
Allons dire cela à Bernard Blier, qui en 1963, répète les scènes de bourre-pif avec Lino Ventura, sur le tournage des *Tontons flingueurs*. Il faut dire que Lino a été champion d'Europe de lutte, et que son charisme peut heurter les sensibilités. Bernard Blier confie à Jean Lefèvre (qui fait certes moins peur) sa terreur de « prendre une châtaigne de ce fondu de Ventura ». « Je trouve Lino très nerveux. Dis donc, imagine qu'il me file une vraie châtaigne. Il en est capable ! » Ventura lui assure qu'il « ne démolit pas les amis », mais leur bonne entente n'empêchera pas l'acteur de faire les prises la boule au ventre, notamment au moment de débiter la fameuse

C

réplique : « J'vais lui montrer qui c'est Raoul. Aux quatre coins d'Paris qu'on va l'retrouver, éparpillé par petits bouts façon puzzle… »
On sait « prendre une châtaigne » en France depuis les années 1860, période féconde en argot, mais au début du XVIIe siècle il s'agit déjà d'un coup sur les doigts. Régionalement, *prendre une poignée de châtaignes* signifie « recevoir une décharge électrique ».
Bernard Blier aurait peut-être été heureux d'apprendre que *châtaigne* vient du latin *castanea*, qui désigne à la fois l'arbre et le fruit, et que *castagne*, emprunté de l'occitan *castagna*, « châtaigne », a pris le sens de « bagarre » une dizaine d'années avant ce tournage.

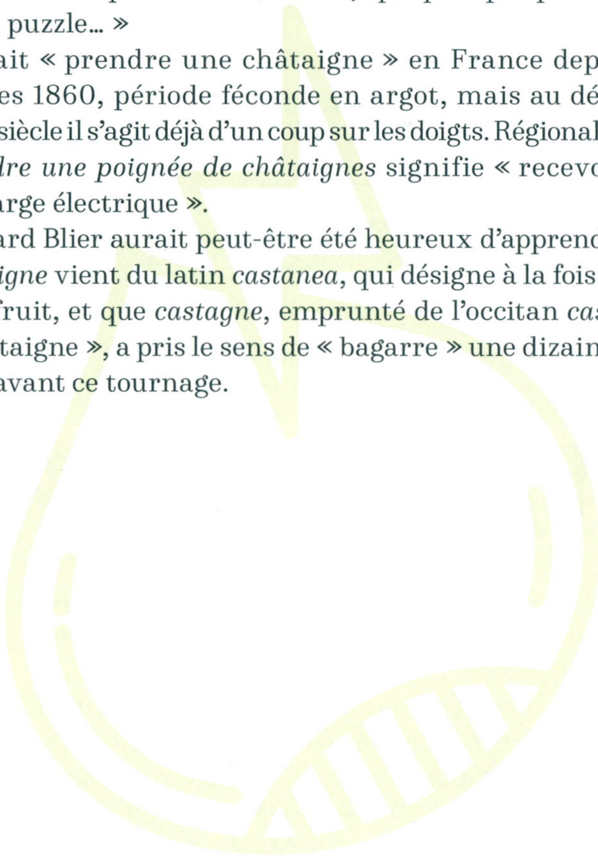

UNE CHÂTAIGNE SOUS LA BOGUE

hargneux

« Le fichu caractère de ma femme avait des causes physiologiques. Son opération l'a transformée. Évidemment, elle sera toujours un peu châtaigne sous bogue, mais elle devient vivable. » (*Vipère au poing*, 1948.) Un vœu pieux… Le père d'Hervé Bazin semble espérer que sa femme s'attendrisse, mais Folcoche va garder la peau dure.

C'est un usage régional de l'Ouest que l'expression *être châtaigne sous bogue*, qui se réfère à l'aspect piquant et hirsute du fruit du châtaignier. Il s'agit de la région natale du mot *bogue*, qui a cours au XVIe siècle en Bretagne, Normandie, Anjou et dans le Maine. Il est issu du breton

bolc'h, « cosse de lin », qui remonterait au gaulois *bulga*, « sac ». L'expression *en bogue* existe également et projette plutôt l'image du hérisson en position de défense, enroulé sur lui-même, pour désigner une personne sur la défensive, agressive. Le spectre de Folcoche hante les souvenirs de l'écrivain et la châtaigne rend insipides certaines femmes. « Nullement combative avec ça, mais seulement châtaigne, agaçante, toute en bogue : une de ces filles qui ne sont savoureuses qu'une fois cuites, je veux dire : éprises. » (Hervé Bazin, *La Mort du petit cheval*, 1949.)
L'expression s'utilise également à propos d'une vive sensation physique. On change de région avec Jean Giono nous conduisant à Marseille dans l'essai *Triomphe de la vie* (1941), où il décrit la faim qui le tenaille dans sa chambre d'hôtel. « J'avais faim, mais une faim en bogue de châtaigne : piquante et de feu. » Qui dort dîne. Rêvera-t-il de marrons chauds ?

APPUYER SUR LE CHAMPIGNON

accélérer

Nul besoin de révéler ses coins à champignons pour dévoiler d'où vient *appuyer sur le champignon*. Tant mieux, car on serait revenu bredouille. Quelle est cette variété de champignon magique qui fait avancer plus vite ?

Ceux que nous recherchons ne sont pas hallucinogènes et ne poussent que sur le bitume. Au même titre que les champignons qu'on ramasse en forêt, la pédale d'accélérateur des automobiles des années 1920 possède une forme de tige surmontée d'un chapeau. On l'appelle alors communément « champignon », d'où l'expression datant de 1931 *appuyer sur le champignon*. Les pédales ont changé de forme dans nos voitures récentes : elles sont plates et longues et l'on a oublié

pourquoi on parle de champignon. On dit aussi *champignon au plancher* pour signifier « à la vitesse maximale ». L'expression est utilisée également dans un sens abstrait de « faire avancer les choses plus vite ».
Le mot *champignon* a poussé en 1400 à partir de l'ancien français *champignuel*, issu du latin populaire *campaniolus*, littéralement « produit de la campagne », qui a évincé le latin *fungus*, « champignon ». Si *champignon* rime avec *champion*, on n'est pas toujours bien inspiré d'appuyer sur le champignon. Louis de Funès appuie sur le champignon dans *Le Corniaud* (1965) et la jolie coccinelle de Bourville en fait les frais... « Maintenant elle va marcher beaucoup moins bien, forcément... »

SOLIDE COMME UN CHÊNE

de constitution robuste, très fort

L'association mentale du chêne à la force physique, la robustesse, la bonne santé, remonte au moins aux temps celtiques. Le français utilise notre brave chêne à toutes les sauces : *pousser comme un chêne*, *bâti comme un chêne*, *se porter comme un chêne*, *fort comme un chêne*, etc. Il faut dire que cet arbre, le plus commun de nos forêts, est une force de la nature : si l'on ne le coupe pas pour construire un parking, il atteint quarante mètres, traverse les âges et peut vivre mille ans. Dans sa présence immémoriale, les Celtes puisent vigueur et sagesse.

On a longtemps cru après Pline que l'étymologie du mot *druide* était liée au chêne, *drus* signifiant « chêne » en grec. Mais le mot s'avère celtique tout comme notre arbre sacré. *Chasne* en ancien français est devenu *chesne* et *chaisne* sous l'influence du mot *fraisne* (frêne), et il découle du latin populaire *cassanus*, qu'on rencontre sous la forme *casnus*, lequel a des origines prégauloises lointaines. L'usage du nom latin *quercus* s'est arrêté au pied des Alpes, les Gaulois étant trop attachés à leur *casnus* vénéré.

Le chêne témoigne d'une adaptabilité étonnante et semble d'ailleurs résister assez bien au réchauffement climatique. Celui qu'on nommait « le chêne de Marie-Antoinette » au Château de Versailles, parce que la reine appréciait son ombrage, a pourtant été achevé par la canicule de 2003 après avoir résisté à la tempête de 1999. Raymond Devos jugerait que le favori de la reine l'avait vu venir : « Quand un chêne sent le sapin, il sait que sa dernière heure est arrivée. »

C'EST BÊTE COMME

CHOU

facile, simple

Pourquoi cherche-t-on la petite bête particulièrement dans un chou ? Le chou abonde dans le potager paysan et, malgré les nombreuses vertus qu'on lui prête depuis l'Antiquité, il est considéré comme grossier, peu recherché. Mais il n'est pas le seul dont la finesse est outragée. On peut aussi s'avérer *bête comme une cruche*, *un pot*, *une bûche*, *ses pieds*, en somme des objets communs du quotidien qui sonnent creux, dont la lourdeur massive n'évoque pas l'élévation de l'esprit.

Être une bête et *être bête comme* se disent depuis le XVIIIe siècle, mais *bête* est déjà synonyme de *stupide* au XIIIe siècle, avant que l'usage se perde pour plusieurs siècles. Au XIXe siècle le chou, légume sphérique, prend le sens figuré de « tête » ; les pensées du chou étant ce qu'elles sont, on leur compare celles des sots. On appelle d'ailleurs un « nigaud » une *tête de chou*. À la fin du XIXe siècle, une personne peut être *bête comme un chou*, mais aujourd'hui on emploie plutôt *bête comme chou* à propos d'une situation, d'un procédé.

STÉPHANE MARIE RAMÈNE SA FRAISE

Cette expression est d'une injustice criante.

Les choux que nous consommons sont tous des déclinaisons d'une plante sauvage, *Brassica oleracea*, qui pousse dans le sud-ouest de l'Europe, particulièrement sur les dunes du littoral atlantique. Nous le connaissons depuis la préhistoire; très tôt, il va conquérir le monde, du Moyen-Orient jusqu'à la Chine, prenant des formes de plus en plus différentes, comme aucun légume n'a pu le faire. Chou pommé, vert ou rouge, chou portugais s'élevant sur sa tige, chou-fleur, brocoli ou romanesco, chou chinois, chou de Bruxelles, autant de formes pour une multitude de recettes. Avant l'arrivée de la pomme de terre, il était l'aliment privilégié des Européens. Gourmand en azote, il savait profiter des terres enrichies par les déjections animales et humaines. Comme il épuise les sols, il ne peut être cultivé sur la même parcelle que tous les cinq ans. Riche en vitamines U, H et C, c'est en servant du chou fermenté, deux fois par semaine, que le capitaine Cook a protégé son équipage du scorbut lors de ses longs voyages.

Après tant de services rendus à l'humanité, comment dire du chou qu'il est bête?

FAIRE

CHOU BLANC

ne pas réussir, faire un coup nul

Après maintes démarches matrimoniales avortées à cause de son tempérament ombrageux, Beaudéduit, dans la comédie *Un monsieur qui prend la mouche* d'Eugène Labiche, se prend encore à rêver de mariage avec Cécile : « Comment !... Moi !... Je pourrais épouser... Après dix-sept choux blancs ?... Nom d'un petit bonhomme ! » Mais à force de *faire chou blanc* sur chou blanc, cela finit par empiler une pièce montée... Ne manque plus qu'une Mademoiselle Bécamel pour que la sauce prenne. Cette fois-ci, faire chou blanc pourrait bien finir en robe blanche.

Mais pourquoi fait-on *chou blanc* lorsqu'on rate une affaire ? Jusqu'à aujourd'hui, les linguistes ont donné leur langue au chou. L'expression est employée depuis le XVIIIe siècle, à l'origine dans le contexte des jeux de quilles ou de boules, et on évoque l'hypothèse d'un *coup blanc* qui serait prononcé « chou blanc », initialement en berrichon. La couleur blanche est associée à l'idée de manque depuis la même époque comme dans *vers blanc*, *mariage blanc*, *voix blanche*, *zone blanche*. On ne sait donc pas grand-chose. Gageons cependant qu'un nouveau Beaudéduit saura bientôt déduire l'origine de cette expression, refusant qu'on fasse chou blanc sur *chou blanc*.

UNE FEUILLE DE CHOU

un mauvais journal

Chou pour chou, une feuille vaut bien une autre, penserait-on, mais que nenni ! Il y a les *bonnes feuilles, les petites feuilles* et *les feuilles de chou*. Il faut savoir trier le bon grain de l'ivraie.

Au milieu du XIXe siècle apparaît l'expression familière *feuille de chou* qui a la particularité de renvoyer à plusieurs réalités toutes différentes à la même époque. La *feuille de chou* est un doux nom de notre oreille, et il s'agit également d'un journal de médiocre qualité, ce sens remontant bien plus loin. La feuille est un rectangle de papier depuis le XIIe siècle et s'emploie en imprimerie depuis le XVIIe siècle. En 1750 les *feuilles volantes* désignent des brochures, petits écrits, et sous Napoléon les *bonnes feuilles* caractérisent la première impression d'un livre, puis un texte publié avant la sortie

de l'ouvrage. Du temps de la Révolution française déjà, une *feuille* se dit d'un journal.
À l'époque où le journalisme se professionnalise, à la fin du XIXe siècle, on se met à estimer les feuilles bonnes ou mauvaises, et certaines sont déclassées en *feuilles de chou*, par référence à un légume commun et économique. Balzac, qui fut lui-même journaliste, juge le métier en connaisseur et ne mâche pas sa feuille en parlant à son propos de « la grande plaie de ce siècle ».
Mais alors, qu'est-ce qui différencie une *feuille de chou* d'un *canard* ? On lit des *canards* depuis le XVIIIe siècle, ce sont des petits bulletins distribués dans la rue, colportant rumeurs et potins, mais ces choux-là sont souvent farcis de *fake news*.

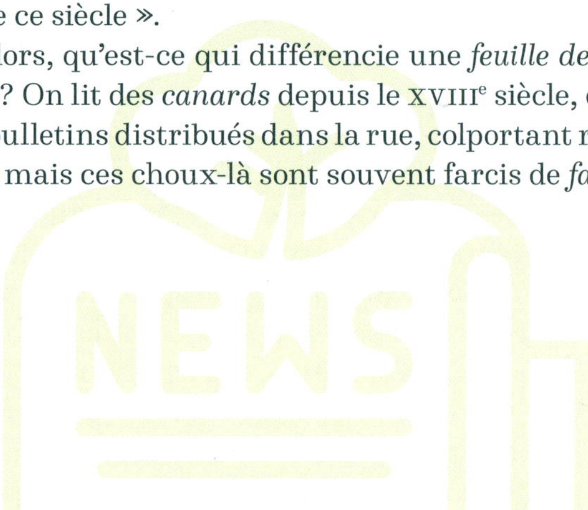

MÉNAGER LA CHÈVRE ET LE CHOU

soigner des intérêts contradictoires en évitant de prendre parti

Un homme doit faire passer sa chèvre, un loup ainsi qu'une brassée de choux de l'autre côté du fleuve, et ne dispose que d'un frêle esquif capable de transporter une seule des trois cargaisons à la fois. Comment faire pour que le loup ne dévore pas la chèvre, et la chèvre ne se jette pas sur les choux ? Ce casse-tête logique destiné à la formation des jeunes esprits est rédigé pour la première fois par Alcuin, conseiller de Charlemagne et directeur de son école palatine. Nous sommes au VIIIe siècle, et l'énigme devient si célèbre qu'elle infuse notre langue.

On parle au XIIIe siècle de *savoir passer la chèvre et les choux* pour louer l'habileté diplomatique de quelqu'un. Le loup est chassé de l'expression qui ne conserve que les antagonistes chèvre et chou, où ils font bon ménage grâce au pouvoir de l'allitération. L'usage évolue en *ménager la chèvre et le chou* vers 1670, même si dans les dictionnaires de l'époque on ne retrouve que la forme *sauver la chèvre et les choux*. Au XIXe siècle l'expression d'abord élogieuse devient plutôt réprobatrice, en pointant l'hypocrisie de cette ambition. À propos de politique, on dénonce une position *mi-chèvre mi-chou*, ou *chèvre-chou*, qui se refuse à prendre un engagement clair - l'expression devrait avoir de beaux jours devant elle. Ah ça ! sacré Charlemagne !

STÉPHANE MARIE RAMÈNE SA FRAISE

Tous les ans, ma grand-mère adoptait une chevrette qu'elle laissait aller en toute liberté en compagnie de sa basse-cour. Elle s'amusait de son caractère fantasque, mais une fois adulte elle se séparait d'elle. Un jour, elle en plaça une à la Maubrairie, qui était encore une ferme. L'horreur! En un an, la biquette avait rasé toute la végétation des talus autour de la ferme, éradiquant tous les arbustes. Trente ans ont passé. Aujourd'hui, je connais l'importance d'accueillir une petite faune riche et diversifiée dans mon jardin. Autant d'alliés pour l'entretenir avec les oiseaux qui dévorent les chenilles, la chauve-souris et l'hirondelle qui gobent les moustiques ou encore le hérisson qui s'occupe des limaces. Après l'épisode caprin, impossible d'imaginer que je chercherais par tous les moyens à attirer les animaux dans mon jardin. Alors vive les abris et les nichoirs et tant pis si les salades poussent sous des cloches pour décourager les lapins! C'est un fait. J'en suis arrivé à ménager la chèvre et le chou.

SE PRENDRE LE CHOU

excéder, ennuyer, se disputer

Que d'ancestrales tournures évoquent les choux, quoi de plus normal à une époque où l'on se goinfre de soupe aux choux à longueur d'année ; pour de l'argot du XXIe siècle, c'est plus inattendu. Aujourd'hui, le chou a moins la cote en cuisine, mais on ne dit pas *se prendre le burger* ou *se prendre le pokébol*. Il faut donc se rendre à l'évidence : nous sommes *restés dans les choux*.

C'est la rondeur du chou qui en fait un synonyme de *tête* à la fin du XIXe siècle, et des expressions apparaissent comme *rentrer dans le chou*, « attaquer », ou *en avoir dans le chou*, « être intelligent » - cherchez l'erreur, dans une langue qui dit aussi *être bête comme un chou*. *Prendre le chou*, de nos jours, se dit aussi *prendre la tête*. En mode pronominal *se prendre le chou* signifie aussi bien « se faire du souci », « s'énerver » que « se disputer ».

Historiquement, le chou, avec sa forme plantureuse, rebondie et enflée, représente aussi la vanité dans toute son ingénue sottise. Cyrano de Bergerac s'emporte ainsi : « Ajoutez à cela l'orgueil insupportable des humains, qui se persuadent que la nature n'a été faite que pour eux, comme s'il était vraisemblable que le soleil [...] n'eût été allumé que pour mûrir ses nèfles, et pommer ses choux. » (*Histoire comique contenant les états et empires de la lune*, 1657.) Quelqu'un qui a pris la grosse tête va certainement vous prendre le chou, à moins qu'il ne vous *coure sur le haricot*.

UN BOUT DE

CHOU

un petit enfant

On pédale un peu dans la choucroute quand il s'agit d'éclairer l'origine des « petits choux », « bouts de chou », et autres « chouchous ». On parle d'un *petit bout d'homme* depuis le XVIe siècle, *bout* ayant le sens d'« élément subsistant, partie subdivisée », repris par le métaphorique *bout de chou*. Mais d'où sort ce chou-là ? Sous Louis XV, on nomme tendrement un être cher *chou, mon chou* – notons le féminin *ma choute*. Il faut attendre les années 1780 pour entendre *chouchou, chouchoute* qui donneront *chouchouter* au début du XIXe siècle.

On ne sait en réalité à quel chou se vouer ; celui-ci pourrait provenir de *chouer*, une forme ancienne de *choyer* qui aurait donné l'adjectif *chouette*. Autre candidat : le légume habitué de nos locutions familières et associé aux enfants. Depuis le

XVIIe siècle, un *bébé trouvé sous un chou* désigne un enfant d'origine inconnue. Dans l'Antiquité, le chou est symbole de fécondité et l'on sert de la soupe aux choux aux jeunes mariés. L'amour est dans le chou.
Mais c'est surtout la faible hauteur du chou dans le potager qui justifie sa comparaison avec un enfant. Dans *Jacques le Fataliste* (1765-1784) de Diderot, Madame de la Pommeraye s'exclame à propos d'une jeune fille en fleur qu'elle avait connue haute comme trois pommes : « Comme cela me vieillit ! Quand cela vint à Paris, cela n'était pas plus haut qu'un chou. »
De nos jours, le chou continue de nous inspirer de la tendresse, au bas peuple comme aux têtes couronnées. Le prince Philip donne à son épouse Elizabeth II d'Angleterre un surnom, en français dans le texte : « mon petit chou ».

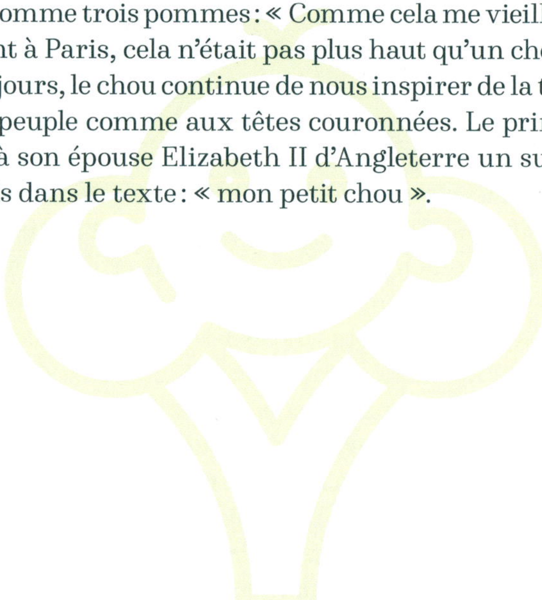

ÊTRE DANS LES CHOUX

être dans l'embarras, en difficulté

Savez-vous planter les choux ? L'horticulteur n'est assurément pas le seul à maîtriser cet art, et la science agronomique n'y sert de rien. Planter les choux, c'est faire des bébés, puisque ceux-ci naissent dans les choux. Logique. La chanson liste toutes les manières de ne pas y parvenir (avec le doigt, le coude, le nez, etc.).

Chou, dit aussi *chol* au XIIe siècle, vient de *caulis* latin qui se réfère à une plante s'élevant verticalement en tige, ou bien au pénis. Ainsi les garçons éclosent dans les choux, tout le monde sait cela, mais attention, si vous avez été *trouvé sous un chou*, c'est que vos origines sont inconnues. Si plus tard l'envie vous prend d'*aller planter vos choux*, on comprend depuis le XVIe siècle que vous ambitionnez de vous retirer à la campagne pour vous reposer. Enfin, quand on vous *envoie planter vos choux* à partir du XVIIe siècle, alors vous avez perdu votre emploi et vous allez pouvoir soigner votre potager tout à votre aise.

Si après tout cela vous êtes finalement *dans les choux*, rien de plus normal. Le chou se colore d'une connotation d'échec, dont on ignore la cause. Il y a bien la proximité phonétique avec *échouer*, mais l'explication ne convainc pas. Au XVIe siècle, *mettre le disner dans les choux* signifie « l'oublier ». On *est dans les choux* depuis 1860, au départ dans des contextes précis : les typographes qui craignent un manque à gagner, les comédiens, les lycéens, les sportifs. C'est justement un jeune golfeur de ville d'eau que Marcel Proust affuble du sobriquet *Dans les choux* parce que l'amuseur de ces dames répète à chaque coup manqué « je suis dans les choux ».

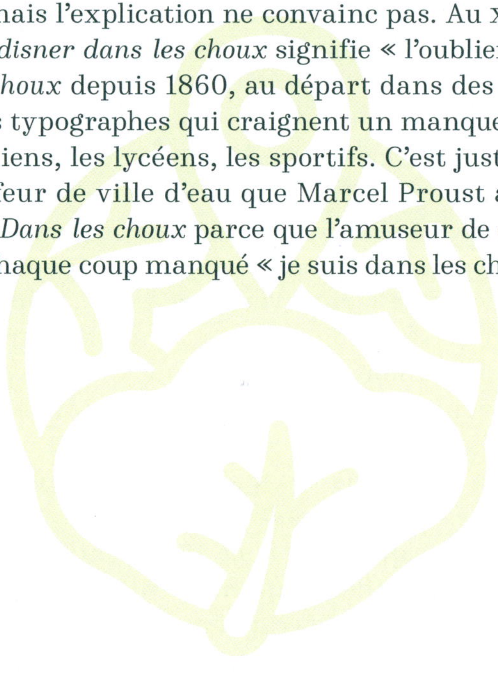

FAIRE SES

CHOUX GRAS

faire un festin, tirer profit

À la fin du Moyen Âge, le potager contient principalement choux, oignons, ails, poireaux, navets mais aussi fèves, lentilles, pois chiches, gesses, épinards, courges. Les soupes de légumes accompagnent le pain, de grosses miches de farine d'orge, de seigle, d'épeautre – le blé étant réservé au seigneur. La viande est rare, mais on graisse les bouillons quand on peut. C'est cela, *faire ses choux gras* : cuisiner les choux avec de la graisse pour qu'ils soient meilleurs.

L'expression s'utilise dès le XVe siècle pour « se goberger ». La variante *faire ses choux gras de quelque chose* signifie « faire son festin de quelque chose ». *Le Ménagier de Paris*, l'un des plus célèbres traités de cuisine médiévale, est rédigé en 1394 par un bourgeois dans l'âge qui, ayant épousé une jeunette de quinze ans, se propose de la former à l'art d'être épouse et

de tenir son logis. Au sujet des choux, il déclare : « Sachez que choulx veulent estre mis au feu dès bien matin, et cuire très longuement et plus longuement que nul autre potage, et à bon feu et fort, et doivent tremper en gresse de beuf et non autre. » Il déconseille vivement le gras de porc qui rend le plat indigeste. Ainsi, lorsque la famine ou la disette accordent une trêve, on agrémente ses choux ; le miséreux se contentera bien sûr de troncs de choux bouillis à l'eau.
À partir du XVIIe siècle, l'expression acquiert aussi un sens figuré de « faire de grands profits ». Madame de Sévigné écrit à sa fille au sortir du carême : « J'ai dit à La Mousse votre souvenir ; il vous conseille de faire vos choux gras vous-même de cet homme à qui vous trouvez de l'esprit. »

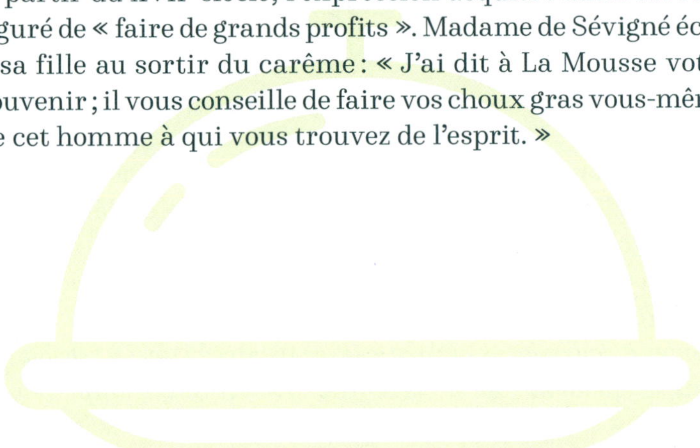

NE RIEN AVOIR DANS LE

CIBOULOT

être sot

S'il y en a un qui *en a dans le ciboulot*, c'est bien le ciboulot. Ce mot d'argot signifiant « tête » et dérivant de *ciboule*, « oignon » à la fin du XIXe siècle (sans doute pour la consonance *boule*), s'effeuille en une multitude d'expressions imagées.

Monter au ciboulot veut dire « faire perdre la tête » ; *se fourrer dans le ciboulot*, « se mettre une idée en tête » ; *taper sur le ciboulot*, « rendre malade ». Quelqu'un qui *se monte le ciboulot* sur la lexicographie se passionne de dictionnaires, et si on lui *met un coup sur le ciboulot* on ne l'assomme pas dudit dictionnaire mais on le rend fou. Cela risque de lui *courir sur le ciboulot*, c'est-à-dire de l'agacer, si on lui explique une fois encore qu'une étymologie reste à ce jour inconnue. Pas de quoi lui *déranger le ciboulot* cependant, il ne perdra pas la raison pour si peu. Quant au lexicographe, on va lui *casser le ciboulot*, *le fatiguer*, *l'importuner*, voire lui faire *perdre le ciboulot* (« délirer ») et finalement le conduire à *se faire sauter le ciboulot* (« se brûler la cervelle ») si on lui demande une nouvelle fois en quoi consiste son métier.

STÉPHANE MARIE RAMÈNE SA FRAISE

Pour le jardinier que je suis, l'expression est difficile à comprendre. En effet, je l'avoue, je n'ai jamais ni planté, ni mangé de ciboulot. Je connais la cive, la ciboule et la ciboulette à la forme plus modeste. Toutes les trois ont un air de famille qu'elles partagent avec l'oignon. Mais, à l'inverse de la ciboule, ce dernier développe un bulbe renflé à son pied. Mais *quid* du ciboulot? Extrapolons. En remontant le temps, il apparaît que le poireau ne possédait pas la forme que nous lui connaissons aujourd'hui. Son fût se terminait par un renflement, un peu comme le bulbe de l'oignon. Alors si le ciboulot avait perdu cette réserve pour devenir ciboule? Peut-être devrions-nous dire non pas « ne rien avoir dans le ciboulot », mais plutôt « ne rien avoir dans l'oignon »? Le sens de l'expression serait... un peu trivial! Non?

PRESSER QUELQU'UN COMME UN CITRON

exploiter quelqu'un pour en tirer tout le profit possible

La vie moderne nous presse sacrément le citron et l'on a tous conscience que *presser* rime avec *stresser*. Toutefois l'expression n'est pas si récente ; peut-être n'est-on pas plus malheureux qu'avant.

On trouve *presser le citron* avec le même sens qu'aujourd'hui chez Balzac en 1835, lorsque la duchesse de Langeais raconte l'histoire du père Goriot : « Ce père avait tout donné. Il avait donné, pendant vingt ans, ses entrailles, son amour ; il avait donné sa fortune en un jour. Le citron bien pressé, ses filles ont laissé le zeste au coin des rues. » À cette date on peut également *presser quelqu'un comme un citron*, une expression dont use Balzac dans un roman moins célèbre, *Ursule Mirouët*

(1841). « Ayez donc le génie du mal ! pensa Goupil. Si je les tiens, ceux-là, se dit-il en sortant, je les presserai comme des citrons. »

À partir des années 1870, *citron* devient en argot un équivalent de la « tête », au départ dans le jargon des voleurs, même si l'analogie du citron et de la tête est en réalité ancienne. Dès le XVIIIe siècle on dit pour un teint brouillé *être jaune comme un citron*. Apparaît à la fin du XIXe siècle l'expression *se presser le citron* signifiant « se torturer les méninges ». Quand on *se presse le citron*, on fait des efforts désespérés pour réfléchir.

La langue française presse son agrume jusqu'à la dernière goutte car on utilise aussi la forme *un presse-citron* pour désigner « un travail harassant ». Comme le dit Pierre Dac, « plus un citron est pressé, plus il se dépêche », mais il est clair que le citron de la farce, c'est toujours nous.

AVOIR LA TÊTE COMME UNE CITROUILLE

avoir mal à la tête suite à un effort intellectuel soutenu

Avant d'avoir la tête comme une citrouille, réglons vite son affaire à la courge.

Si l'on a longtemps fait fonctionner ses méninges, on peut avoir l'impression que notre cervelle est enflammée et enfle comme une entorse. On se figure donc un objet plus imposant qu'une tête humaine et la langue française est fertile en comparaisons potagères… Pour ce qui est de la fatigue conséquente à trop *se presser le citron*, ce sont les variétés de cucurbitacées qui nous apparaissent pertinentes : citrouille, calebasse, pastèque, cougourde - cette dernière étant la version provençale du potiron.

Le mot *citrouille* a une histoire singulière, puisqu'il vient du… *citron*. *Citrole*, « citrouille » au XIIIe siècle, dérive du latin *citrus*, « citron ». C'est simplement pour sa couleur qu'on l'a nommée ainsi. Depuis le XVIIe siècle *une citrouille* se dit d'une personne épaisse, grossière et ridicule. Au XXe siècle, *citrouille* devient synonyme de *tête* en argot, comme la pastèque et autres courges.

STÉPHANE MARIE RAMÈNE SA FRAISE

Quel désagrément!

Originaires des Amériques, citrouilles et potirons craignent le froid. On les sème donc en pleine terre après les dernières gelées. Gourmandes, ces plantes prospèrent sur des sols enrichis. D'ailleurs, pour les gâter, replantez-les à la mi-juin directement sur le compost ou le tas de fumier. Là, c'est à la vitesse grand V que leurs tiges courent sur le sol ou grimpent le long d'un grillage. Une fois fleuries, elles donnent des fruits énormes pesant de deux à six kilos. Il suffit de limiter le nombre de fruits sur un même pied et de l'arroser copieusement pour obtenir une citrouille ou un potiron taille XXL. Tous les ans, des concours sont organisés pour couronner la plus grosse citrouille géante, ou *Cucurbita maxima*, capable de dépasser 1 190 kilos, dernier record enregistré! Récoltés avant les premières gelées, les fruits seront remisés au sec afin d'éviter qu'ils ne pourrissent et qu'ils ne se transforment en une énorme flaque de vase.

Alors, autant éviter d'avoir la tête comme une citrouille.

SECOUER LE COCOTIER

obliger une personne âgée à céder sa place pour l'occuper ; tenter de modifier des habitudes

Quelle charmante expression, fraîche comme un jus de coco ! On sera néanmoins refroidi voire pétrifié à la lecture de son histoire.

L'expression fait allusion à une mythologie coloniale nous arrivant, semble-t-il, des îles polynésiennes. Des peuples d'Océanie se seraient adonnés par nécessité à un surprenant élagage social. Lorsqu'ils soupçonnent un vieillard d'être une charge pour la société, celui-ci est prié d'escalader un cocotier qu'on secoue vigoureusement, et si le croulant dégringole, il est logiquement abattu – à supposer qu'il ait survécu à la chute de quinze mètres.

Singulière coutume. On ignore en France métropolitaine un détail : un cocotier ne peut en aucune façon être secoué comme un prunier, il faut monter à son faîte pour cueillir les noix de coco. Une anthropologie du XIXe siècle pour le moins pittoresque, probablement fantaisiste, aurait répandu cette rumeur, mais il s'avère impossible d'en retrouver la trace, bien que les sacrifices humains dans les îles océaniennes soient bien décrits par les colons voyageurs et que le polynésien nous ait légué le mot *tabou*.

On peut lire ceci dans les années 1930 : « La jeunesse a toujours été cruelle, et ce n'est point seulement celle des îles qui s'entend à secouer le cocotier. » (Jean Calvet, *Le Réalisme*.)

Dans les années 1960, on aime encore les histoires coloniales effrayantes, comme celle de la traite des Blanches, et l'on attribue parfois celle du cocotier aux Africains.

On dit *secouer le cocotier* depuis les années 1920. Peut-être quelque vénérable témoin de la naissance de l'expression en conserve-t-il le souvenir. Nous promettons de l'écouter sans le faire grimper au cocotier.

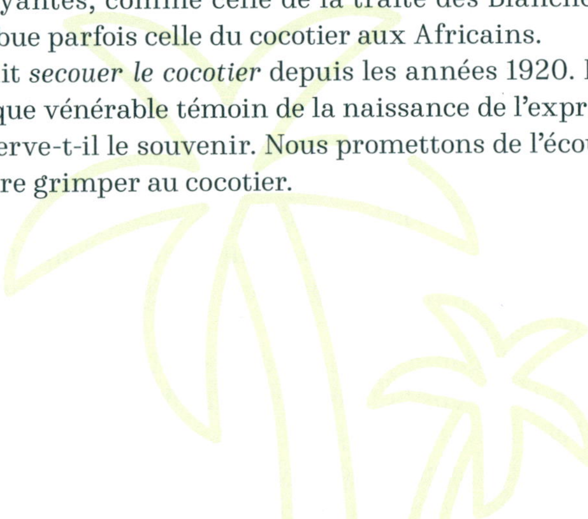

BEURRÉ (BOURRÉ) COMME UN

COING

fortement ivre

« Madame Grandet était une femme sèche et maigre, jaune comme un coing, gauche, lente ; une de ces femmes qui semblent faites pour être tyrannisées. Elle avait de gros os, un gros nez, un gros front, de gros yeux, et offrait, au premier aspect, une vague ressemblance avec ces fruits cotonneux qui n'ont plus ni saveur ni suc. »

Le portrait d'Eugénie Grandet en tête de coing dans le roman de Balzac nous fait découvrir la réputation du fruit au XIXe siècle. L'expression *jaune comme un coing* est assez usitée en ce temps pour décrire les teints maladifs. Le fruit du cognassier est d'un jaune tirant au vert et ses contours irréguliers le rendent moins pimpant qu'une pomme.

Culturellement, la couleur jaune dénote la fatigue ou la maladie depuis le XIIIe siècle. La symbolique du jaune n'est guère flatteuse : c'est la couleur de Judas, donc de la trahison, de l'infidélité notamment en langage des fleurs, et aussi la couleur du soufre, de Lucifer. Mais quel rapport avec l'alcool ?

D'après Alain Rey, c'est la rondeur du coing qui, bien qu'imparfaite, permet de faire le lien. On dit *être rond* pour « être ivre » depuis le XVe siècle, par allusion à la forme du ventre bien rempli. De la même idée vient *bourré*, au début du XXe siècle, dont *beurré* est une simple déformation. Si l'on manque de modération, on est *beurré comme un petit Lu*, ou *rond comme une barrique*, *comme une queue de pelle* ou *comme une bille*… Et l'on finit par *rouler sous la table*.

Jaune, rond, souffreteux : le fruit est finalement un bon candidat pour prêter sa figure à un individu beurré. Au coing !

UN

CORNICHON

homme niais, nigaud

La moutarde ne nous montera pas au nez car on saisit toute la finesse de la boutade du cornichon dès qu'on apprend ceci : le mot signifie « petite corne »…

L'histoire du cornichon commence de manière bien innocente, le mot ayant été attesté pour la première fois en 1547 dans un jeu, « Le cornichon va devant », qui consiste à ramasser des objets le plus rapidement possible en courant. Cela devient vite plus salé quand *cornichon* est récupéré dans des emplois érotiques. Mais c'est en cuisine que cela va bientôt se passer.

Au XVIe siècle on aime les condiments et l'on invente une manière d'accommoder le concombre, habituellement cuit à l'eau, en le faisant confire au sel et au vinaigre : des petits *pickles* qui deviennent au XVIIe siècle les *cornichons*. Notre brave cornichon est donc un simple concombre qui n'est pas arrivé à maturité.

Ce n'est que dans les années 1800 qu'un *cornichon* est en argot un « mari trompé, cornu », sachant qu'un *cornard* désigne un « cocu » depuis le XVIIe siècle. Familièrement, un *cornichon* est un homme qui respecte trop la gent féminine et se laisse exploiter par les dames les moins scrupuleuses, ou de manière générale un niais, sot, homme facile à berner. Dans la pièce de Labiche *Deux merles blancs* (1858), Alidor propose à Rosa d'effeuiller ensemble des marguerites, et la belle se voit contrainte de lui apprendre à faire la cour à une femme : « On le lui dit… on le lui prouve… » Le joli cœur en a « des crampes d'estomac » mais Rosa conclut sa leçon d'un « On n'est pas cornichon comme ça ».

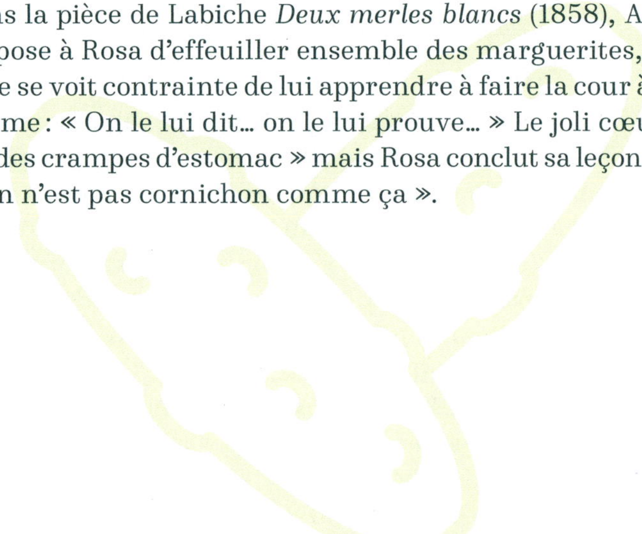

ÉLEVER UN ENFANT DANS DU COTON

entourer un enfant de soins excessifs, donner une éducation molle

Si l'expression remonte à 1671, cela ne relève peut-être pas du hasard. C'est alors une nouveauté en Europe que de porter du coton, car on utilisait auparavant assez peu *la laine d'arbre*, réservée au rembourrages des riches pourpoints. Les *indiennes*, cotonnades colorées aux motifs floraux et végétaux, sont nouvellement importées des comptoirs d'Inde. Elles se lavent facilement, resplendissent de mille fleurs et s'avèrent peu coûteuses. En 1664, Colbert crée la Compagnie des Indes orientales qui convoie vers Marseille des dizaines de vaisseaux chargés de tissus chaque année. Les dames de la cour de Louis XIV s'en entichent, et parmi elles Madame de Sévigné qui offre des indiennes à sa fille. On les utilise pour décorer les intérieurs et confectionner des jupes. L'engouement est tel qu'on se met à les fabriquer en Provence provoquant la grogne des marchands de soieries, d'étoffes de lin et de laine qui font pression pour protéger leur monopole hexagonal. En 1686, la fabrication, l'importation et le simple port des indiennes sont prohibés… jusqu'en 1759. On continue de s'en procurer par la contrebande. Lorsque Madame de Sévigné envoie sa fille chez un ami en 1695, c'est ainsi qu'elle s'exprime : « Gouvernez-la bien, divertissez-la, amusez-la, enfin mettez-la dans du coton, et nous conservez cette chère et précieuse personne. »

STÉPHANE MARIE RAMÈNE SA FRAISE

Enfants, nous avons tous fait l'expérience du pois dans du coton. Quelle magie d'observer le grain germer et développer ses racines et ses feuilles dans ce nid de fibres blanches. Mais, une fois ses réserves épuisées, la plantule finissait par s'étioler et mourir, faute de ne pas avoir été plantée dans de la terre. Aujourd'hui, beaucoup de tomates, de concombres, de fraises, etc., sont cultivés de cette même façon, dans de la laine de roche. Élevés exclusivement sous serre, ces végétaux sont alimentés d'eau additionnée de sels minéraux dosés par ordinateur. Gain de place, de temps de culture, de main-d'œuvre aussi, cette méthode exclut tout contact avec la terre, considérée ici comme source de maladies potentielles. Nous connaissons le résultat : de beaux fruits et légumes dont le goût ne tient pas la promesse de l'apparence. Mais aussi des tonnes de laine de roche dont le recyclage est problématique et quantité de sels minéraux dispersés dans la nature.

Oublions donc les tomates à Noël pour revenir à la terre.

QUELLE COURGE ! QUELLE GOURDE !

imbécile, gauche, niais

« N'es-tu pas l'oasis où je rêve, et la gourde
où je hume à longs traits le vin du souvenir ? »

A-t-on la berlue ou Charles Baudelaire vient de traiter sa muse de gourde ? Non point, le poète peut laisser sa main dans la « crinière lourde » qui rime avec *gourde*, car la chronologie le préserve de muflerie. Ouf ! *Les Fleurs du Mal* paraissent en 1857 et le mot *gourde* n'évoque une femme niaise et maladroite qu'à partir des années 1880.

Au début du siècle une *gourde* est un récipient qui permet de transporter facilement une boisson, baptisé d'après

l'antique usage de creuser le fruit séché de la gourde pour le remplir de vin ou d'eau. Le mot *gourde*, *gorde* au XIIIe siècle, vient du latin *cucurbita*, « courge ». Comme la *cucurbita*, la gourde renvoie dès l'origine à la fois au fruit et au récipient qu'on façonne dans ce fruit. Pourquoi calomnie-t-on la *cucurbita* qui nous rend de si loyaux services ?
Notre langue s'est laissé influencer par l'adjectif *gourd*, issu du latin impérial *gurdus*, « lourdaud, grossier », et prend en gallo-roman le sens d'« immobilisé par le froid », d'où *la main gourde* employée dès le XIIe siècle. Au XVe siècle, *gourd* veut dire « pompeux, opulent, riche » ou « maladroit », ce dernier sens étant demeuré de nos jours aux côtés d'« engourdi ».
Et la courge, alors ? On y vient. Le mot dérive aussi de *cucurbita*, mais il a fait un détour dans l'ouest de la France par *cohourge* au XIVe siècle. *Courge* devient familièrement synonyme de *tête* à la fin du XIXe siècle, et d'*imbécile*. Pas de pitié pour les cucurbitacées.

FAIRE LA COURSE À L'ÉCHALOTE

prendre en chasse

« Marceau devenait désagréable, entraînait Olivier dans sa chambre en lui faisant "une course à l'échalote", lui donnait "un savon" en passant son poing refermé dans ses cheveux. Lassé, Olivier se mit en garde comme son ami le beau Mac le lui avait appris. » Dans le roman à succès *Trois sucettes à la menthe* (1972), Robert Sabatier raconte son enfance au début des années 1930, et se souvient des chamailleries de l'époque. L'expression *course à l'échalote* vient d'un jeu de cour de récréation des années 1930, mais il ne s'agit pas là de courir derrière une échalote – c'est un peu plus trivial. Cela consiste à saisir un camarade par le col d'une main et par le fond de son pantalon de l'autre, et de l'obliger ainsi à courir en le talonnant. D'où *échalote*, synonyme argotique d'*anus* comme

oignon au XXe siècle. La variante *faire la course à l'oignon* existe mais demeure plus rare, et son acolyte *à l'échalote* n'est d'ailleurs que peu usitée.
Faire la course à l'échalote signifie de nos jours qu'on s'adonne à une course-poursuite, à pied ou autre. En voiture, cela veut dire qu'on est à touche-touche. Le réalisateur Claude Zidi a tourné en 1975 une comédie titrée *La Course à l'échalote* où Pierre Richard, Jane Birkin et Michel Aumont se poursuivent par divers moyens de transport.
Par ailleurs, on peut employer l'expression au sujet des politiciens dans leur course au pouvoir, comme s'ils le tenaient par la peau des fesses.

PÂLE COMME UNE ENDIVE, UN CONCOMBRE

livide, maladif, mou

Qu'on soit *blanc comme une endive*, *pâle comme un concombre* ou qu'on ait été *élevé au jus de concombre*, on ne compare pas notre mine anémique à ces pâles légumes depuis bien longtemps. L'usage ne remonterait pas plus loin que les années 1980.

Les expressions renvoient à la couleur de la chair du concombre et à son goût insipide, et pour l'endive à sa blancheur. La pâleur nous évoque la maladie, la mollesse, le manque de dynamisme. On lit par exemple dans un roman de Joël Houssin, *Bras de fer* (1985) : « J'espère que tu n'as pas l'intention de me coller ce nave sur les bretelles ! cracha-t-elle. Il a une tronche d'aide-comptable élevé au jus de concombre. » Un Juvamine ? Nul doute que la mode du teint hâlé ait joué un rôle dans cette affaire. Si l'on y pense, la blancheur a été longtemps synonyme de *beauté angélique*, d'*âme pure*. Ce sont les congés payés en 1936 qui ont installé la mode du bronzage en France, apparue au début du XXe siècle avec les bains de soleil conseillés par les médecins. *Les Bronzés* (1978) et *Les Bronzés font du ski* (1979) nous ont-ils dégoûtés des endives ?

STÉPHANE MARIE RAMÈNE SA FRAISE

Une pâleur qui n'a rien de naturel. Loin de là.

Vers 1850, Monsieur Bréziers, chef jardinier de la Société d'horticulture belge, met en culture des chicorées de Bruxelles. Plus exactement, il arrache de terre des chicons, ces grosses racines de la chicorée sauvage, dont les feuilles vertes sont franchement amères. Il les transplante dans des boîtes hermétiques, remplies de tourbe, qu'il entrepose dans une cave. Au chaud, sans oxygène et à l'abri de la lumière, les plantes développent alors un gros bourgeon de feuilles blanches, croquantes et dépourvues d'amertume.

Sans oxygène et dans l'obscurité, il ne peut y avoir de photosynthèse ou, plus précisément, de production chlorophyllienne. C'est un ion de magnésium qui est responsable de la couleur verte de la chlorophylle, comme c'est un ion de fer qui est à l'origine de la teinte rouge du sang qui coule dans nos veines.

Vous êtes pâle comme une endive? Mangez donc des lentilles riches en fer, prenez l'air, le soleil!

METTRE DU BEURRE DANS LES

ÉPINARDS

améliorer sa situation, s'assurer un supplément de revenu

La haine de l'épinard est l'une de ces rares causes qui a longtemps mis les Français d'accord. Importé par les croisés au Moyen Âge, il n'est guère apprécié et se voit compacté en boules cuites à usage de cataplasme d'estomac. L'épinard est sauvé par Catherine de Médicis qui le fait entrer dans la gastronomie française, laquelle l'arrange comme elle peut ; au XVIIe siècle on le consomme dans des préparations sucrées. L'épinard fait toutefois figure de punition du palais ; l'Église se plaît à prescrire « l'herbe de carême » pour le repas du jeudi saint, en signe de pénitence. On appelle au XIXe siècle « plat d'épinards » un tableau de paysage sans talent : « Tu ne manges pas de légumes ? Veux-tu des épinards ? – Ma chère,

nous venons de voir les paysages à l'Exposition ; j'en suis dégoûté. » (Comte de Noé, *Salon de 1857 illustré.*)
L'auteur du best-seller *Physiologie du goût* (1825) Brillat-Savarin recommande pourtant le plat mal aimé, tant qu'il y a du gras : « L'épinard est un mets digne de la table des rois, pourvu qu'il soit préparé à la graisse de caille. » L'expression *mettre du beurre dans les épinards* telle quelle date des années 1860, mais les métaphores reposant sur la réputation d'un légume immangeable s'il n'est accommodé avec beaucoup de beurre remontent au début du siècle - aujourd'hui on y mettrait plutôt de la crème…
Dans *L'Assommoir* de Zola (1876), Coupeau se verrait bien *aller aux épinards* avec Gervaise (« relever les gains d'une prostituée ») : « T'es pas encore trop mal, quand tu te débarbouilles. Tu sais, comme on dit, il n'y a pas si vieille marmite qui ne trouve son couvercle… Dame ! si ça devait mettre du beurre dans les épinards ! »

DE DERRIÈRE LES FAGOTS

conservé précieusement
excellent et rare

Mieux vaut être *derrière les fagots* que sur les fagots, comme le savent bien les sorcières qui ont contribué à forger l'expression *sentir le fagot*, datant de la fin du XVIe siècle – temps où l'on aime à brûler les hérétiques. Au XVIIIe siècle, les fagots de bois ne servent plus qu'à nourrir le feu dans la cheminée. On les stocke bien rangés à la cave avec les stères de bûches entassées. Derrière les monceaux de bois, à l'abri des regards, des variations de température et de toute intrusion, on cèle les meilleures bouteilles de vin. Le nectar peut vieillir à son aise ainsi protégé, et une bouteille *de derrière les fagots* ne sera certes pas une piquette. L'expression suggère ainsi qu'une chose a pu être conservée dans les meilleures conditions pour un usage précis, ou plus généralement qu'elle est d'une qualité supérieure. Le mot *fagot* renvoie à un assemblage de petit bois depuis le XIIe siècle, mais son origine se perd dans les fumées du passé.

STÉPHANE MARIE RAMÈNE SA FRAISE

Les fagots sont devenus des objets décoratifs, posés dans un coin du salon.

Il n'en a pas toujours été ainsi. Lorsque j'étais enfant, dans la remise de la ferme, il y avait de grands tas de fagots qui servaient à chauffer le four à pain ou qui alimentaient le feu dans la cheminée; c'était ainsi dans toutes les fermes. Le fagotage occupait les hommes une bonne partie de l'hiver. La tâche était rude et précise: équipés d'une serpe, autrement appelée « faucille », ils coupaient dans les haies du bocage des branches jeunes appelées aujourd'hui « bois raméal », les posaient sur un lien qu'ils avaient confectionné eux-mêmes avec, selon leur préférence, du noisetier, du saule, du frêne ou de l'orme. Puis, faisant une boucle à l'extrémité la plus souple d'un rameau, ils assemblaient soigneusement les branches et refermaient le lien. Cette importante source d'énergie qui s'exportait jusqu'en ville a disparu de nos jours.

Chaque année en fin d'hiver, je coupe les rameaux dorés des saules pour en faire des fagots qui sont ensuite enfilés sur des pieux. Ces gerbes deviennent les tuteurs de mes clématites, et ce sont ceux qu'elles préfèrent.

ÊTRE DUR DE LA FEUILLE

être un peu sourd

L'oreille humaine n'est point la partie de notre corps la plus esthétique, et la langue française ne manque pas de l'affubler de surnoms désobligeants, comme *feuille de chou*. À la fin du XIXe siècle on nomme ainsi l'organe de l'audition en argot de rôdeur de barrières (ces voyous qui traînent le long des murs de la ville). Le parler des bas-fonds a produit nombre de trouvailles pittoresques, comme *esgourdes*, *écoutilles*, *étagères*, *étiquettes*, *portugaises*. Ce dernier petit surnom est tiré d'une huître dont la forme évoque celle de notre oreille : on aura *les portugaises ensablées* si l'on est *dur de la feuille*.

Feuille devient donc familièrement synonyme d'*oreille* au début du XXe siècle. Qui a le malheur d'avoir les oreilles décollées entendra les mauvaises langues moquer ses *oreilles en feuilles de chou*, ou bien *en chou-fleur*. C'est cette cruelle expérience qui inspire à Serge Gainsbourg le titre de son album *L'Homme à tête de chou*.

Le mot *dur*, du latin *durus*, connaît dès le XVIe siècle le sens de « mauvaise perception », comme dans l'expression *ouïr dur*, « entendre mal », qui va donner *être dur d'oreille*. En remplaçant l'oreille par la feuille, on obtient *être dur de la feuille* dans les années 1920. Nous laisserons à l'humoriste Pierre Dac la responsabilité de la réflexion que lui inspire cette expression imagée : « Les hommes sont comme des arbres : avec l'âge ils deviennent durs de la feuille et mous de la branche. »

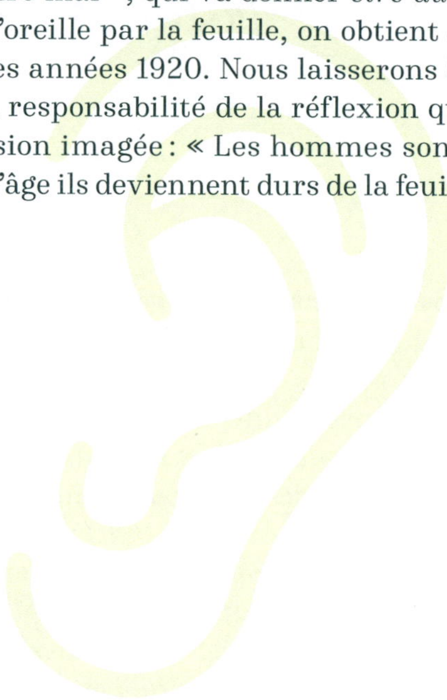

DONNER UN POIS POUR UNE FÈVE

faire un petit cadeau pour en recevoir un plus grand

Parmi nos habitants du potager, un curieux couple se détache du lot, sorte de Laurel et Hardy du jardin : la fève et le pois.

Les deux légumineuses s'unissent dans un conte de fées de Charles Nodier, *Trésor des fèves et Fleur des pois* (1833), où le pauvre orphelin Trésor des fèves épouse à la fin la princesse Fleur des pois. On emploie depuis 1640 l'expression *s'il me donne des pois, je lui donnerai des fèves*, au sens de « s'il me donne du chagrin, je lui rendrai la pareille et même davantage ». Au siècle suivant, on rencontre aussi *rendre un pois pour une fève*. L'expression *donner un pois pour avoir une fève* date du XIXe siècle, et signifie « donner quelque chose à l'effet d'obtenir davantage ». *Que ce soient pois, que ce soient fèves,* se dit à la même époque en parlant de choses pour lesquelles on est indifférent.

Pois et fèves ont l'air copains comme cochons. Ces légumineuses sont des piliers de notre alimentation depuis l'Antiquité, même si la fève a progressivement laissé sa place au haricot venu d'Amérique. Ce sont tous deux des graines vert tendre mais la fève mature est nettement plus grosse que le petit pois. On rencontre au XXe siècle la rare *compter les fèves*, pour « poireauter, attendre sans raison ».

La fève vient du latin *faba* et les pois de *pisum*. *Pois* est un terme générique qu'on précise peu à peu selon les sortes de graine, « pois chiche », « pois vert », « pois goulus »... À partir de 1600 les « pois verts » sont appelés également « petits pois ».

FAIRE LA FIGUE À QUELQU'UN

faire la nique

Si vous voyagez en Italie et que, par hasard, vous joignez vos pouces et vos index en forme de triangle tout en parlant, cela risque de faire rire tout le monde. Vous avez nonchalamment fait le signe de la figue symbolisant le sexe féminin.

Une coutume ancienne, bien que le geste ait changé. De l'Antiquité à l'âge classique, *far la fica* (« faire la figue ») ou *far le fiche* au pluriel, geste appelé aussi *la mano in fica* (« main en figue »), consiste à placer le pouce entre l'index et le majeur repliés. Chez les Étrusques et les Romains, il s'agit d'un geste rituel d'éloignement des esprits des morts puis, à l'avènement du christianisme, le geste rebaptisé *manu obscena* (« main obscène ») ne conserve que son sens vulgaire d'insulte méprisante. Dante évoque cette pratique qui perdure jusqu'au XVIIe siècle.

Far la fica ou *figa* en italien a donné *faire la figue* en 1210, signifiant « se moquer, braver ». Le peintre français Simon Vouet exécute à Rome *L'Homme à la figue* (1615), le portrait d'un jeune garçon travesti en femme qui tient des figues de la main gauche et fait le geste de la figue de l'autre…

MI- FIGUE, MI-RAISIN

ambigu, perplexe

Quand la langue commence à faire des salades de fruits, il faut être attentif à ne pas *raconter trop de salades*. D'aucuns ont expliqué cette expression médiévale par une anecdote historique, une supercherie des marchands grecs. Les exportateurs de raisins de Corinthe mêlaient parfois des figues à leur précieux chargement, et grugeaient les riches clients de Venise. La figue a longtemps valu moins que le raisin, elle est aussi considérée peu goûteuse. Mais cette histoire ne date que du XIXe siècle, donc cela ne tient pas.

Les raisins qui nous intéressent proviennent plutôt de Damas et sont appelés aussi « raisins pour Carême ». Au Moyen Âge on nomme les fruits secs « fruits du Carême » car, à cette époque de l'année (avant Pâques), il n'y a pas de fruit frais.

Les fruits secs sont offerts en aumône aux moines des ordres mendiants allant de porte en porte et sont associés à des fêtes religieuses, par exemple dans la tradition qui a survécu en Provence des treize desserts, comprenant : noix, noisettes, raisins noirs et blancs, figues, amandes (qu'on retrouve dans les pâtisseries appelées « quatre mendiants »).
On emploie depuis le XVe siècle l'expression *moitié figue, moitié raisin* qui signifie, d'après le premier *Dictionnaire de l'Académie française* (1694), « moitié de gré, moitié de force » ou encore « ni bien ni mal ». La tournure équivaut à « tant bien que mal ». Au XIXe siècle s'ajoute la nuance « à demi-sérieusement à demi-plaisantant ». Si l'on ne commence à dire *mi-figue mi-raisin* qu'à partir de la fin du XIXe siècle, curieusement la variante *ni figue ni raisin* pour « indécis, peu franc » remonte au XVIIIe siècle.

ÊTRE FLEUR BLEUE

être sentimental

Pourquoi est-on *fleur bleue* quand on lit des romans à l'eau de rose ? Cet usage dérive d'une autre expression, *aimer la petite fleur bleue*, qui renvoie à « une sentimentalité romanesque, naïve, discrète ».

La fleur bleue passe dans le langage courant d'abord en Allemagne grâce au roman de Novalis, *Henri d'Ofterdingen* (1802), où loin de la sotte mièvrerie, *die blaue Blume* symbolise l'idéal romantique de la poésie et l'amour éthéré. Quand dans le songe du ménestrel apparaît une fleur bleue, ses sens se trouvent exacerbés dans un sentiment d'harmonie cosmique. Bleu, c'est l'eau et le ciel, la mémoire, la mère, la douceur et l'absolu.

En français, la fleur paradis reste attachée au rêve d'amour mais va perdre son sens littéraire. La symbolique des fleurs explique aussi l'association de la fleur bleue à la sentimentalité. En 1819 paraît en France le premier dictionnaire de *Langage des fleurs* qui deviendra un best-seller international. À l'entrée *Délicatesse*, on y lit : « *Bleuet*. Le beau bleu de cette fleur, qui ressemble à un ciel sans nuages, est l'emblème d'un sentiment tendre et délicat qui se nourrit de l'espérance. »

STÉPHANE MARIE RAMÈNE SA FRAISE

Le bleu des fleurs est dû à la delphinidine, un pigment végétal qui fut isolé en 1915 à partir de pétales de delphiniums, dont les fleurs se parent de cette couleur exceptionnelle. En effet, le bleu n'est pas si fréquent dans le monde végétal.

Nous savons, depuis quelques années, que les abeilles sont quasiment insensibles à la couleur, sauf à la lumière bleue. Être une fleur bleue c'est être doté du moyen de séduire les abeilles, qui vont polliniser les myosotis les romarins assurant, leur reproduction.

Lorsque vous plantez des fleurs rouges au fond du jardin, leur signal visuel est si fort qu'elles vous semblent plus proches et que le jardin vous paraît plus petit. Mais si, à leur place, vous installez des fleurs bleues, l'illusion d'optique fera qu'elles s'éloigneront et que le jardin aura l'air plus grand.

Ainsi, et contre toute attente, « être fleur bleue » est une façon de donner de la profondeur aux choses.

FAIRE UNE FLEUR

accorder une faveur, un avantage, une préférence

S'agissant d'argot, autant aller voir tout de suite chez Louis-Ferdinand Céline, on n'est jamais déçu.

« Le Chinois de la rue Saint-Lazare il demandait pour lui-même qu'une "fleur"... Si j'obtenais la commande... Rien que cinq pour cent... C'était pas exagéré... » Le receleur prend 5 % sur la revente de bijoux, le voleur appelle ça *une fleur*. Un pourcentage si modeste, c'est juste un petit geste... L'expression familière apparaît dans les langages peu châtiés à l'époque de la parution de *Mort à crédit* (1936). *Une fleur*, c'est un cadeau intéressé, un avantage sur une affaire, et *faire une fleur* c'est « accorder une faveur ». Quitte à faire le *fleure-fesses* auprès du patron, il faut parfois savoir faire des courbettes pour qu'on *nous fasse une fleur*.

L'idée associée à la fleur, ici, est qu'elle se cueille d'un geste, facilement, et l'expression serait peut-être à relier à l'argot des rues *être fleur*, « rester sans le sou ». D'où vient-elle ? Pas facile à deviner. Eh bien la fleur est fauchée ; elle se coupe sans peine, et l'on reste avec une tige à la main. Cet usage, cela va de soi, nous pouvons le créditer à Céline, mais il date de la fin du XIXe siècle, vers 1880. Au début du XXe siècle on arrive *comme une fleur* si l'on est un peu sot et naïf, mais de nos jours on peut se présenter *comme une fleur* en gardant son amour-propre, puisque cela signifie plutôt « ingénument, de manière confiante ».

LA FLEUR AU FUSIL

d'une gaîté insouciante et naïve

Août 1914. Les jeunes mobilisés rejoignent les gares, moustache fière et frais sourire ; ils défilent au son du tambour et du tocsin en colonies désordonnées. Les filles leur jettent des bouquets qu'ils saisissent au vol et plantent dans le canon de leur fusil. Certains se penchent sur le bord de la route et cueillent une marguerite en hommage à leur bien-aimée, et voilà la fleur ficelée à la baïonnette. Les pétoires serviront à peine, soyons-en sûrs. Nous marcherons sur la campagne allant de victoire en triomphe, une promenade de santé. Nous serons de retour pour les vendanges… L'expression *la fleur au fusil* est attestée pour la première fois en 1918. Si elle date d'après la guerre, c'est peut-être parce que l'enthousiasme populaire au départ des poilus pourrait être légèrement exagéré *a posteriori*. L'insoumission est fort rare et les soldats se montrent déterminés à faire leur devoir, mais la joie n'emplit pas tous les cœurs. Qu'importe, c'est une belle image à garder en mémoire ! Jusqu'en 1948, une immense toile trône sur la façade de la gare de l'Est. Offerte par le peintre américain Albert Herbert, elle expose aux yeux des Parisiens pendant des décennies les braves va-t-en-guerre qui grimpent dans les wagons en brandissant un fusil fiché d'un bouquet jaune ; cela ressemble à l'explosion du tir et préfigure en même temps le destin tragique d'une jeunesse qui va finir sous les chrysanthèmes.

La fleur au fusil se démilitarise aujourd'hui pour désigner un entrain enjoué au mépris du danger.

CONTER

FLEURETTE

faire la cour

« Qu'un homme soit plumé par des coquettes,
Ce n'est pour faire au miracle crier.
Gratis est mort : plus d'amour sans payer :
En beaux louis se content les fleurettes. »

Pour *conter fleurette*, quoi de mieux que les contes gaillards de La Fontaine, censurés en 1675 ; une friponnerie qui ne l'empêche pas d'entrer à l'Académie quelques années plus tard. Le « papillon du parnasse », comme il se désigne lui-même, s'y amuse de l'étymologie. *Conter* au Moyen Âge ne se distingue pas vraiment de *compter*, il s'agit toujours d'énumérer, de faire des listes, et les deux mots viennent du même verbe latin *computare*. C'est à la fin du XVIe siècle que *conter* prend le sens de « dire des choses fausses à dessein de tromper » et se forment des expressions comme *en conter de*

belles, *en conter à une femme* et, au milieu du XVIIe siècle, *conter des fleurettes* ou *conter fleurette*.
Un *conteur de fleurettes* en conte à toutes les femmes, attention à la bluette attrape-nigaude ! On appelle « fleurette » un propos doucereux, plus ou moins cliché, dont un galant se sert pour cajoler les dames ; elle dérive de *florete*, diminutif du mot *fleur* au XVIe siècle. Les compliments usent d'ordinaire de comparaisons florales, et la fleur a fini par donner son nom à la flatterie elle-même. On voudrait bien savoir ce que susurre le galant pitre à l'oreille de ces dames dans la toile de Watteau *Voulez-vous triompher des belles ?*, dite aussi *Arlequin conteur de fleurettes*. Peut-être : « Votre œil en tapinois me dérobe mon cœur. Au voleur ! » (Pastiche de vers galant dans *Les Précieuses ridicules* de Molière.)

LANCER DES FLEURS

encenser, flatter

« Il y a des gens qui vous laissent tomber un pot de fleurs sur la tête d'un cinquième étage et qui vous disent : je vous offre ces roses. » (Victor Hugo.) La plaie va vous lancer. *Lancer* c'est manier la lance, en bas latin *lanceare*. Dès l'an mil il s'agit de « jeter devant soi », et le XIXe siècle précise les choses en « envoyant dans l'atmosphère ». Pourtant l'expression *lancer des fleurs* ne contient *a priori* pas d'ironie, elle revient bien à « couvrir quelqu'un de louanges ». Un beau parleur saura brandir les fleurs de la rhétorique pour *se jeter des fleurs*, autrement dit se vanter. Le mot *fleur* vient du latin *flos*, *floris*, « fleur », mais aussi « partie la plus fine, la meilleure de quelque chose » et « surface ». Normal que la fine fleur de la société s'en envoie.

Lancez des fleurs, oui, mais visez bien. Frédéric Beigbeder nous met en garde : « Il fallait jeter des fleurs blanches dans les vagues en faisant un vœu que les divinités réaliseraient dans l'année. Je ne sais pas ce qui s'est passé : mes fleurs devaient être moches, ou les dieux absents. En tout cas, je n'ai jamais été exaucé. »

STÉPHANE MARIE RAMÈNE SA FRAISE

Très poétique, cette expression me met toutefois mal à l'aise. Je n'ai jamais eu la simplicité de prendre les compliments pour ce qu'ils sont. Pire ! Ils me font douter. Personne n'est parfait. Cependant elle me renvoie de belles images ou m'évoque des rengaines. Celle par exemple de Rita Lee et de son tube mondial en 1980 au joli titre de *Lança perfume*. Dans mon esprit, ces parfums lancés autour de la chanteuse brésilienne ne peuvent être que capiteux et provenir de fleurs tropicales. Me vient aussi l'image de ces reines d'un jour, au sourire éclatant, qui, juchées sur leur char lors des corsos fleuris du carnaval ou des fêtes de villages, lancent des fleurs aux visages d'une foule réjouie. Et puis comment ne pas penser à cette toile du peintre Alma-Tadema, *Les Roses d'Héliogabale* ? Lors d'un banquet, l'empereur romain fait pleuvoir du plafond des pétales de rose sur ses convives, encore et encore, jusqu'à ce que tous meurent, étouffés sous le poids des fleurs. Sublime et horrible à la fois.

Lancer des fleurs, vous dites ? (Fin des confidences.)

DIRE QUELQUE CHOSE AVEC DES FLEURS

s'exprimer au moyen du langage des fleurs, en usant de leur valeur symbolique

D*ites-le avec des fleurs* : cela signifie aussi bien « n'oubliez pas de passer chez le fleuriste avant de faire votre déclaration d'amour » que « choisissez les fleurs qui expriment le mieux vos sentiments ».

Cela dépend si l'on préfère le slogan commercial américain des années 1920 *Say it with flowers*, ou bien l'histoire romanesque du « langage des fleurs ». Le maîtriser couramment est un art qui possède un nom : *selam*, « salut » en arabe. Car s'il fleurit durant l'Antiquité romaine, c'est au cœur de l'Empire ottoman que s'épanouit ce fascinant moyen d'expression silencieux dont le dictionnaire est un jardin. Au milieu du XVIIIe siècle, la rumeur se répand que les odalisques turques cloîtrées dans les sérails savent depuis le XVe siècle communiquer dans une langue codée, en élaborant des bouquets dont chaque fleur possède un sens : couleur, variété, nombre de fleurs se composent en poème d'amour ou en message clandestin. À un amant, elles peuvent tout dire : désir, jalousie, impatience…

C'est Lady Wortley Montagu, l'épouse de l'ambassadeur britannique à Constantinople en poste de 1716 à 1718, qui, par sa correspondance avec Londres, initie l'Europe aux secrets des harems. En tant que femme, elle peut pénétrer ces antres de fantasme. Ses *Lettres turques* sont publiées à partir de 1761, et l'intérêt pour le langage des fleurs va croître encore avec le romantisme et la mode orientaliste. Son étude devient un passe-temps au XIXe siècle en France et en Angleterre, notamment sous l'ère victorienne où l'austérité morale incite les dames à s'exprimer à travers la broderie florale – et les amants à s'échanger des bouquets pleins de sens.

FAIRE FLORÈS

obtenir des succès, briller

« Fleurir » : voilà ce que signifie *flaire florès* ? C'est très joli, mais on n'est pas vraiment plus avancé. On utilise *faire florès* depuis le milieu du XVIIe siècle, mais le sens de l'expression a évolué et son origine n'est guère certaine. On pense que le latin *floridus*, « fleuri, couvert de fleurs », a donné en provençal *faire flori*, qui signifie « prospérer ». On *fait florès* au Grand Siècle, en manifestant sa joie ou quand on se livre à une dépense considérable pour les besoins de la pompe et de l'éclat. Richelieu écrit lors de la venue au monde de Louis XIV en 1638 : « Nous avons fait florès pour la naissance de M. le Dauphin ; et nos feux de joie ont été tels que six maisons de cette ville en ont brûlé. » Hum, on espère que la floristique fut supérieure à la logistique et que flonflons et floquets ont ravi la fleur des courtisans.

De nos jours, on réserve l'expression aux usages de la littérature et son sens glisse vers l'effet produit : l'obtention d'un vif succès. À présent, connaissant l'histoire de l'expression *faire florès*, peut-on dire si ce coquin de Flaubert place quelque ironie dans la mise de Madame Bovary, dont l'apothicaire complimente les atours ? « S'adressant à Emma qui portait une robe de soie bleue à quatre falbalas : – Je vous trouve jolie comme un Amour ! Vous allez *faire florès* à Rouen. »

CHERCHER UNE AIGUILLE DANS UNE BOTTE DE FOIN

chercher une chose difficile ou impossible à trouver

Dix-sept heures et quarante-cinq minutes. Voilà le temps nécessaire pour retrouver une aiguille cachée dans une botte de foin. Car, oui, l'expérience a bien été menée, et c'est de l'art.

Dans le cadre de son exposition *Inside*, le Palais de Tokyo accueille en 2014 le performer Sven Sachsalber qui se met au défi de prendre l'expression au mot. L'artiste fouille une meule de 450 kilos lors d'un happening filmé. Un internaute remarque qu'il s'agit d'une botte de paille et non de foin, ce qui est très différent. Le foin est de l'herbe fauchée encore verte et séchée, de teinte gris-vert ; la paille se constitue de chaumes creux, ce sont les tiges sèches restées de la récolte des céréales, et sa couleur est jaune. Techniquement, notre ami a cherché une aiguille dans une botte de paille, l'expérience est donc caduque. Raté. Pour sa défense, Sven Sachsalber est, comme son nom ne l'indique pas, de nationalité italienne, et dans sa langue on *cherche une aiguille dans une meule de paille*.

L'expression s'avère en effet cosmopolite : quasiment toute l'Europe l'utilise. Elle remonterait au latin médiéval, Érasme y fait une claire allusion. En français on la retrouve sous la plume de Madame de Sévigné en 1675. Le mot *botte* dans le sens de « touffe végétale » viendrait du néerlandais *boten*, « battre » - il n'a rien à voir avec la « botte » qu'on met aux pieds, d'origine inconnue, qui a donné *avoir du foin dans ses bottes* (« avoir beaucoup d'argent »). Morale de l'histoire : on aura beau chercher une aiguille dans une botte de foin, cela ne mettra pas du foin dans nos bottes. Sauf pour certains.

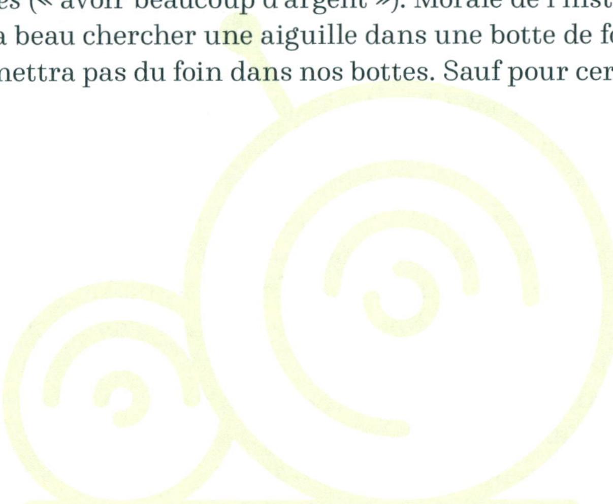

ÊTRE BÊTE À MANGER DU FOIN

très bête

« Jusque-là, Zdena avait été fascinée par l'intelligence de celle qui l'obsédait. Sa façon de parler, d'économiser les mots et de répondre là où on ne l'attendait pas la persuadait de l'excellence de son cerveau. À présent, elle la découvrait bête à manger du foin. » Dans la dystopie *Acide sulfurique* (2005), l'usage que fait Amélie Nothomb de l'expression montre qu'elle intervient souvent dans un contexte de déception, de surprise ; ce personnage n'est pas seulement stupide, il s'avère étonnamment stupide. Plus efficace que de dire simplement *bête comme un âne*, car cela laisse imaginer la personne croquant son foin dans sa mangeoire.

Depuis le milieu du XVIIIe siècle on emploie *être une bête* ou *être bête*, et des expressions pointent vite le museau : *bête comme une oie, comme un âne...* et *bête à manger du foin.* Notre animal mangeur de foin est naturellement l'âne.

Bien que doux et intelligent, l'âne a la réputation d'être idiot depuis l'Antiquité parce qu'il n'aime guère obéir et se voit érigé en patron des imbéciles au XIIIe siècle. Pauvre bête. *Pont aux ânes* (« problème qui n'arrête que les ignorants ») date du XVe siècle, comme *faire de l'âne* ou *faire de l'âne pour avoir du son* (« tromper »), *brider l'âne par la queue* (« agir maladroitement »). *Âne bâté* et *avoir des oreilles d'âne* apparaissent au temps de Molière – on coiffera les écoliers d'un *bonnet d'âne* à partir du XIXe siècle.

Le cas d'étude philosophique du XVIIe siècle nommé l'« âne de Buridan » met en scène un âne théorique se laissant mourir entre deux picotins de foin, incapable de choisir car ne disposant pas de libre arbitre. Dans la réalité, ne doutons pas qu'un âne sache quoi faire.

C'EST L'ARBRE QUI CACHE LA FORÊT

c'est le détail qui aveugle sur l'ensemble

Si vous êtes myope, et que vous vous dites « derrière l'arbre, mais quelle forêt ? », cette expression qui procède d'un effet d'optique ne vous concerne pas. En plaçant un objet trop près de la vue, il va occuper tout le champ visuel et donner l'impression qu'il s'agit là d'une vision d'ensemble, alors qu'on *regarde par le petit bout de la lorgnette*. L'expression suggère donc de prendre du recul - encore une fois, dispense pour les bigleux.

Mais c'est bien sûr une métaphore ; tout va bien, nous restons inclusifs. On ne déplore *c'est l'arbre qui cache la forêt* que depuis peu, en manière de « se cacher derrière son petit doigt » : la locution date du XXe siècle. Est-elle liée au sens figuré de forêt, existant depuis le XIXe siècle, d'« ensemble complexe et inextricable » ? *Une forêt de lances*, ou *de mâts* par exemple, se dit depuis le XIVe siècle. On ne sait trop si le mot vient du bas latin *forestis*, qui est une « forêt relevant de la cour de justice du roi, un bois prohibé », ou du latin *foris*, « dehors ». Dans tous les cas, c'est un lieu qui a toujours été au-delà du bout de notre nez.

Cela répond en passant à la question que se posent les spectateurs d'opéras italiens : pourquoi la diva qualifie-t-elle son interlocuteur de « *forestiero* » alors qu'il ne s'agit manifestement pas d'un homme des bois ? Parce que le *forestiero* est l'homme qui vient du dehors, l'étranger - et pas du tout le garde forestier.

RAMENER SA FRAISE

intervenir de manière importune ; attitude prétentieuse

Scoop : cette fraise-là n'est pas, comme on le croit souvent, une métaphore de notre auguste séant. La *fraise* c'est « le visage, la tête » depuis 1900. *Ramener sa fraise*, qu'on peut abréger en *la ramener*, s'utilise en argot depuis 1921 et signifie qu'on se manifeste hors de propos ou qu'on affiche une attitude prétentieuse malvenue. L'expression familière est aujourd'hui commune. Le rappeur français MC Solaar nous sert dans son album *Prose combat* (1994) un petit pot-pourri du verger :

« Et prends une prune dans ta poire,
si tu tombes dans les pommes
c'est que j'ai la pêche.
À l'orange tes rimes banane et n'ramène pas ta fraise. »

C'est pourtant un enchantement de voir rapporter du jardin un panier de fraises. Une exception au caractère importun de *ramener sa fraise* vaut assurément pour les jardiniers, dont les manifestations fleurent bon la terre retournée, l'herbe coupée, la rosée sur les fraisiers.

STÉPHANE MARIE RAMÈNE SA FRAISE

Les fraises n'ont pas toujours été ces gros fruits rouges dont nous abusons avec gourmandise. Jusqu'au XVIIe siècle, nous ne connaissions en Europe que les fraises des bois, ces petits fruits que les enfants glanaient pour les enfiler sur un brin d'herbe, en faire un collier, avant de les dévorer. Tout change en 1712, lorsque Amédée-François Frezier, capitaine de génie maritime, lève l'ancre à Saint-Malo pour aller dresser les cartes des côtes chiliennes. Parvenu à destination, il déguste un fruit rouge pâle, gros comme une noix gaule, d'un parfum et d'une saveur très agréables. Il venait de découvrir *Fragaria chiloensis* (*Fragaria* pour *fragrance*, sans rapport avec le nom du marin).

Deux ans plus tard, il débarque à Marseille avec trois plants qu'il a sauvés durant le voyage. De retour chez lui, à Plougastel, il les met en culture.

La réputation des fraisiers du capitaine parvient aux oreilles du naturaliste Nicolas Duchêne, qui entreprend alors un travail d'étude et d'hybridation, créant les premières fraises rouge vermillon à gros fruits. Des variétés non remontantes qui poussent toujours dans nos jardins.

Alors oui, Monsieur Frézier, un grand merci pour avoir ramené votre fraise.

SUCRER LES FRAISES

être gâteux ;
être agité d'un tremblement incontrôlable

Rien n'est moins amusant qu'une infirmité physique ou mentale, mais on rit finalement de tout et *sucrer les fraises* est entré dans la langue à partir d'un constat : quand l'âge ou une maladie nerveuse – ou l'angoisse – nous fait trembler la main, cela ressemble au mouvement alternatif que l'on décrit du poignet en saupoudrant des fraises de sucre.

« J'ai cinquante-quatre ans et plus bon à rien, forcément. J'ai lâché mon métier de plombier, je tremble de partout, regardez mes mains, je sucre les fraises, les jambes qui grelottent. » (Marcel Aymé, *Le Passe-muraille*, 1941.) Sur la butte Montmartre, pendant l'Occupation, un ouvrier s'exaspère du rationnement de vin : une bouteille par semaine !

Impensable, lui qui buvait un verre par jour à trois ans et son litre et demi à neuf. À présent il sucre les fraises, fichue guerre ! Dans son cas, pas sûr que ce soit la faute à Hitler. L'expression du XXe siècle s'utilise aussi dans un sens étendu d'« être sénile », l'emploi le plus courant aujourd'hui.

La fraise a eu longtemps une connotation plus gaie avec un passé polisson dont nous n'avons rien conservé. Elle symbolise la bagatelle au XIXe siècle.

« Ah ! qu'il fait donc bon
Cueillir la fraise
Au bois de Bagneux
Quand on est deux. »

Le refrain qu'on chantonne encore au début du XXe siècle est tiré du *Bijou perdu*, opéra-comique d'Adolphe Adam, le compositeur rendu immortel par son ballet *Giselle*. L'air coquin, on croque l'expression *aller aux fraises*, « se promener dans les bois en amoureux ». De nos jours, quand on les sucre le goût n'en est que plus amer.

LE FRUIT DÉFENDU

chose qu'on désire d'autant plus qu'on doit s'en abstenir

Aujourd'hui les fruits seraient plutôt obligatoires que défendus - il est vrai qu'avec cinq portions par jour, on ne laisse pas vraiment monter le désir. L'expression *fruit défendu* désigne depuis 1830 une chose interdite qui n'en est que plus désirable, jusqu'à l'irrésistible. Le frisson de transgresser...

Le fruit défendu s'est d'abord cantonné au contexte de l'exégèse biblique, avec les prédicateurs du XVIIe siècle. Dans la Genèse, « le Seigneur Dieu fit germer du sol tout arbre d'aspect attrayant et bon à manger, l'arbre de vie au milieu du jardin et l'arbre de la connaissance de ce qui est bon ou mauvais ». Adam est autorisé à manger tous les fruits, à l'exception de celui de l'arbre la connaissance, qui le tuerait. Puis Dieu créa la femme… Le serpent arrive qui lui explique que ce fruit-là n'est pas mortel, mais au contraire ferait d'eux l'égal des dieux.

C'est peut-être une figue qu'Ève a tendue à Adam - à moins que ce ne soit une grenade ou une datte. La pomme d'Adam pourrait aussi bien être une cerise, ce qu'il y a de sûr c'est qu'on n'en sait rien. En réalité, la Bible ne mentionne qu'un « fruit ». La pomme est devenue le fruit du péché à cause d'une confusion des traducteurs médiévaux. Le mot *fruit* dérive du latin classique *fructus*, « produit de la terre, des arbres ». Le latin *pomum*, « fruit d'un arbre », adopte le sens de « pomme » au ve siècle mais prend du temps à évincer le mot *malum*, qui désigne à la fois « la pomme », et « le mal » : hasard de l'étymologie qui identifie la pomme pour des siècles et des siècles au fruit défendu.

LE VER EST DANS LE FRUIT

la situation ne peut qu'empirer

Mettons la langue à nu comme un ver et tirons-lui les vers du nez : qu'est-ce donc que ce ver qui nous asticote quand on a sujet de dire que *le ver est dans le fruit* ?

Voyons un exemple. « Nous serons sûrement victorieux des Boches, nous ne le serons pas des ennemis du dedans, le ver est dans le fruit, il n'y a plus rien à faire, rien à espérer » (Julien Green, 1944). L'expression signifie « renfermer les germes de sa propre destruction ». Les dangers sont intérieurs et inhérents, rien ne peut enrayer la dégradation de la situation.

Ce ne sont pas les jardiniers qui contrediront ce pronostic. Les asticots qui s'insinuent dans les pommes, pêches ou poires ne sont pas ce qu'on nomme aujourd'hui « vers de terre » mais des larves de papillons ou de mouches. On utilise le mot *ver* au sens de larve d'insecte ayant une activité destructrice depuis son origine latine, *vermis*. Au XIVe siècle ce sont aussi les parasites intestinaux.

À partir du XVIe siècle, le *ver* représente également un principe de détérioration et signifie au figuré « vif remords », ou « cause d'une affliction ». « Mon grand chagrin, mon ver rongeur est d'être loin de vous », soupire Voltaire dans une lettre au duc de Richelieu quelques mois avant de mourir. L'expression *ver rongeur*, ou *ver de la conscience*, devient un vilain nom du regret, de la culpabilité. Le *ver* prend à la même époque le sens de « cause d'une ruine », dont ressort l'expression *le ver est dans le fruit*. Le germe délétère fait son œuvre inéluctablement, la conséquence n'aura plus qu'à « tomber comme un fruit mûr ».

ESPÈCE DE

FUMIER

ordure, salaud

Messieurs, l'injure ne s'adresse qu'à vous. Les dames sont exemptées, *fumière* ne désignant que régionalement une fosse à fumier. Depuis le XVIIe siècle, le fumier représente la misère, la saleté, la corruption morale.

« Qui suit bien ses leçons goûte une paix profonde,
Et comme du fumier regarde tout le monde. »

Orgon s'illumine en songeant à Tartuffe qui enseigne le détachement de ce bas monde par le mépris… Dans la comédie de Molière, ce gourou du XVIIe siècle interprète à l'envers la leçon d'humilité de la Bible.

On utilise à l'époque l'expression *être comme Job sur son fumier*, c'est-à-dire « au dernier degré de la pauvreté ». Le mot *fumier* est issu au XIIe siècle du latin populaire *femarium*, « tas de fumier » : il désigne l'amas en putréfaction des déjections des animaux de la ferme, mêlées de paille et de foin, qu'on utilise pour fertiliser les sols. À partir du XVIIe siècle il prend également un sens général de détritus pouvant servir d'engrais. Comme injure violente, *espèce de fumier* s'utilise depuis les années 1880.

Pour prendre congé de ce sujet nauséabond, lisons l'abbé Pierre qui nous offre une leçon de philosophie plus valable que celle du faux dévot de Molière : « Je vois fleurir avec éblouissement la plus petite fleur sur ce tas de fumier qu'est l'humanité. »

STÉPHANE MARIE RAMÈNE SA FRAISE

Un jour, à l'Arboretum des Grandes Bruyères, je me souviens avoir entendu sa propriétaire, Brigitte de la Rochefoucauld, s'écrier à la vue d'un tracteur tirant une remorque de fumier : « Ah voici venir l'or du jardin ! » Cette grande jardinière savait combien ses arbres et ses rosiers étaient redevables envers cette matière organique, bien mal considérée.

Depuis belle lurette, les chevaux ont disparu des villes, aussi, le jardinier urbain qui veut fertiliser son terrain n'a pas d'autre choix que d'acheter son fumier, en magasin et au prix fort.

La bonne alternative à cette pénurie est d'installer un composteur au fond du jardin. Chez moi, j'y dépose tous les déchets organiques issus de la cuisine, des tailles et des tontes. J'obtiens ainsi une matière vivante que j'entretiens, que j'aère, que je tamise... Pour le bien du jardin je mitonne mon compost. Alors, après tous ces efforts, l'expression *quel fumier* pourrait bien devenir un compliment.

UN VRAI

GLAND

individu lourd, inepte

« Si les imbéciles veulent encore du gland, laisse-les en manger ; mais trouve bon qu'on leur présente du pain. »

Point de malice dans cette maxime de Voltaire, car les *glands* ne sont des idiots qu'à partir du début du XXe siècle. Le penseur commente en réalité l'expression *manger son blé en herbe* et se réfère au fait que les pauvres se rabattent parfois sur les glands pour faire de la farine quand le blé manque.

Le fruit du chêne, *le gland*, vient du latin *glans*, *glandis* qui signifie également dès l'origine « objet en forme de gland » et « extrémité antérieure de la verge ». Ce dernier sens fera sa perte. Les *glands* rejoignent en 1901 leurs compères les *couillons* qui subissent dès le XVIe siècle la réputation d'imbéciles, alors qu'ils étaient simples testicules au XIIe siècle.

On dit *quel gland* ! Ou bien *être gland*, au choix. Pour compléter la bande, les *glandus glandent* depuis le milieu du XXe siècle.

STÉPHANE MARIE RAMÈNE SA FRAISE

Splendide et Précieux, le chêne, est le roi de la forêt française. Mais il y a chêne et chêne.

Aujourd'hui, il apparaît que le chêne sessile est le mieux adapté pour supporter le changement climatique. Aussi, les années de forte fructification des chênes, l'Office national des forêts lance des campagnes de collecte de glands, au pied des plus beaux spécimens. Une fois les glands tombés au sol, ils sont ramassés par des saisonniers, avant qu'ils ne germent. Ils sont ensuite envoyés la sécherie de la Joux, dans le Jura. Où ils sont trempés dans des bains d'eau chaude afin d'être débarrassés des champignons qui gêneraient leur germination, puis ils sont séchés et conservés en chambre froide avant d'être semés.

Deux ou trois ans plus tard, lorsque les jeunes arbres mesurent une trentaine de centimètres, ils sont replantés afin de régénérer les forêts. Cette sélection garantit des arbres solides et des bois de bonne qualité pour les futures générations.

Finalement, n'est pas gland qui veut.

AVOIR UN GRAIN

être un peu fou

« Augustus s'isola dans sa maison d'Azincourt. Au bourg, on murmurait qu'il avait un grain. Il chassait au caillou tout gamin qui rôdait, tout importun qui sonnait au portail. » Georges Perec a bien noté que l'expression *avoir un grain* ne comporte pas de « e », il la sème à tous vents dans *La Disparition* (1969). Écrire un roman intégralement sans la lettre préférée du français, il faut avoir un grain… Mais un grain de quoi ?

Grain fait partie de ces mots multi-usages qui servent à tout. Ce grain-là n'est pas le même que celui d'*avoir du grain à moudre* qui est encore différent dans *veiller au grain*. Le mot est issu du latin *granum*, « grain ». Il désigne au XIIe siècle le fruit des graminées ainsi qu'une très petite quantité de quelque chose, et s'utilise dès le XIIIe siècle dans la structure

négative *ne... grain* - identique à *ne... goutte, mie, pas, point*, dont seuls les deux derniers survivent.
Le grain constitue aussi depuis l'Antiquité une unité de mesure de poids de 0,053 gramme équivalente à un grain d'orge ou de froment, selon le lieu. Sous l'Ancien Régime, la livre de Paris se divise en marcs, quarterons, onces, gros, scrupules, grains et vaut 9 216 grains.
Dans le sens figuré d'« une once » de quelque chose, on parle dès le XVIIe siècle d'un *petit grain de vanité, d'ambition...* ou *de folie*. « C'est une chose admirable que tous les grands hommes ont toujours du caprice, quelque petit grain de folie mêlé à leur science », s'émerveille Valère dans *Le Médecin malgré lui* (Molière, 1666). *Avoir un grain* n'est que l'abréviation d'*un grain de folie*.

TRIER (SÉPARER) LE BON GRAIN DE L'IVRAIE

discerner les bons et les mauvais, le bien et le mal

Le mode d'emploi pour trier le bon grain de l'ivraie se trouve au chapitre 13 de l'*Évangile selon saint Matthieu*. Aux serviteurs qui s'étonnent de trouver de l'ivraie dans leur champ de blé, le maître répond : « – C'est un ennemi qui a fait cela. Les serviteurs lui disent : "Veux-tu donc que nous allions l'enlever ? Il répond : – Non, en enlevant l'ivraie, vous risquez d'arracher le blé en même temps. Laissez-les pousser ensemble jusqu'à la moisson ; et, au temps de la moisson, je dirai aux moissonneurs : Enlevez d'abord l'ivraie, liez-la en bottes pour la brûler ; quant au blé, ramassez-le pour le rentrer dans mon grenier. »

La parabole biblique définit les conditions d'élection des bons et des méchants au moment du Jugement dernier. Mais au fait, qu'est-ce que l'ivraie ? Il s'agit d'une sorte d'herbe, une graminée nuisible qui envahit les champs de blé, et qui a la réputation d'être enivrante. D'où son étymologie commune avec l'*ivresse*, le mot dérivant du latin *ebrius*, « ivre ». (En réalité c'est un champignon toxique vivant en symbiose avec l'ivraie qui provoque cet effet indésirable.)
Dès le XVIe siècle l'expression *l'ivraie et le bon grain* désigne « les bons et les méchants » ou « le bien et le mal », et à partir de 1690 on emploie couramment *séparer l'ivraie d'avec le bon grain*. Assurément l'exaspération du cultivateur affrontant les mauvaises herbes reste inchangée depuis les temps bibliques - il n'y a pas à douter qu'elles aient été plantées par le diable.

CASSER LA GRAINE

manger

« Gridoux pouvait casser la graine en toute tranquillité. Cette graine était en général une assiette de hachis parmentier fumant que Mado Ptits-Pieds lui apportait après le coup de feu, à l'environ d'une heure. » On casse la graine chez Raymond Queneau dans les années 1950 (*Zazie dans le métro*) et dans la langue française depuis 1926.

Le mot *graine* est issu du latin *grana*, le pluriel de *granum*, qui a donné *grain*. Ce sont les parties de la plante à fleurs qui assurent leur reproduction. Quand on prend un *casse-graine*, c'est bien entendu du blé qu'il est question - comprendre du pain. La *graine* désigne métaphoriquement une petite collation rapide. On a proposé l'hypothèse d'une origine régionale remontant au XIXe siècle et dérivant de l'expression lyonnaise *casser la grune*, qui signifie « boire un coup ».

Quoi qu'il en soit, *casser la graine* est une revisite d'un classique de la gastronomie française : le *casse-croûte*. Le verbe *casser* signifie déjà « manger » au XVIe siècle et l'*on casse la croûte* dans le sens de « manger un morceau » depuis la fin du XVIIIe siècle. Mais rompre le pain n'est pas chose si aisée. On n'est tout de même pas des poules qui picotent du pain dur et l'on utilise un outil appelé « casse-croûte ». Celui-ci, en général métallique, sert surtout aux personnes âgées pour briser la croûte du pain, au début du XIXe siècle. On va commencer à *grainer* (« manger ») dans les années 1930, ce qui ne mange pas forcément de pain.

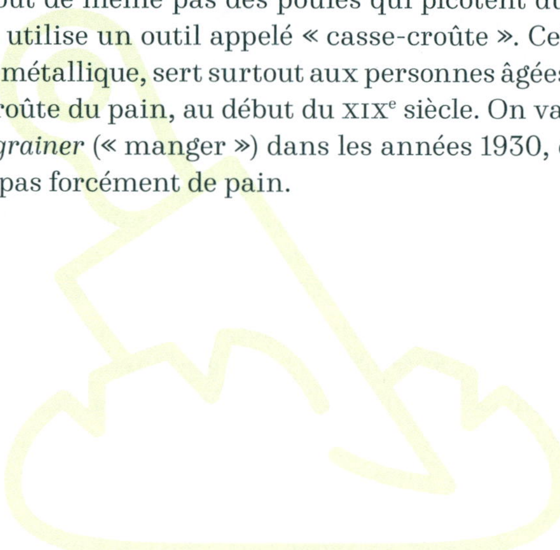

EN PRENDRE DE LA GRAINE

en tirer exemple, leçon

Prends-en de la graine! Voilà un conseil qui en a agacé plus d'un. L'expression n'est usitée que depuis le début du XXe siècle mais l'image n'est pas vraiment tombée de la dernière pluie. Enseigner, c'est insinuer une idée dans une cervelle comme on place une graine en terre. L'idée germe, produit des fleurs qui donnent des graines. Et la roue tourne. Les graines se planteront à leur tour dans d'autres têtes. L'expérience des uns sert aux autres. On apprend aussi de la vie des autres.

Blaise Pascal met en forme cette sagesse populaire dans ses *Pensées* (1669). « La nature s'imite : une graine jetée en bonne terre produit ; un principe jeté dans un bon esprit produit. [...] Tout est fait et conduit par un même maître. La racine, les branches, les fruits, les principes, les conséquences. » L'identification du monde à un champ et de l'être humain à un semeur remonte en réalité à la Bible. C'est Dieu qui a envoyé les graines à semer, métaphore de toute cause et tout effet. L'expression *en prendre de la graine* apparaît comme un reliquat familier et laïc d'une tradition très ancrée dans notre imaginaire. L'idée est toujours de profiter de l'exemple d'une personne méritante. « Je n'ai pas besoin que vous m'aimiez, je m'en moque qu'on m'aime ou non – son père disait toujours ça quand il parlait de ses employés, et tous le respectaient... Elle aurait dû en prendre de la graine. » (Nathalie Sarraute, *Le Planétarium*, 1959.)

MAUVAISE

GRAINE

qui ne laisse présager rien de bon pour l'avenir ; enfant turbulent, malicieux

Madame Chantal, dans la nouvelle *Mademoiselle Perle* de Maupassant (1886), « avait coutume d'émettre cette phrase comme conclusion à toute discussion politique : – Tout cela est de la mauvaise graine pour plus tard ». Il est agréable de faire des prophéties propres à rabattre tous les caquets. Un enfant dissipé est appelé *meschante graine* depuis 1690, de la *mauvaise graine* en puissance. On peut lire en 1762 : « en parlant de laquais, de pages, d'écoliers, et d'autres jeunes gens malins, on dit que *C'est une mauvaise graine.* »

Dès la seconde moitié du XIXe siècle on fustige une *graine de potence*, un garnement – il est amusant de constater que la langue imagine la graine qui va croître en forme de poteau de gibet. L'expression figurée *graine de*… peut s'agrémenter de mille fantaisies, *voyou*, *forçat*, etc., le plus souvent péjoratives, mais pas toujours. Une posture qui peut sembler fort peu chrétienne, puisque l'Évangile précise bien qu'il faut attendre que bons et mauvais grains aient terminé leur croissance pour les distinguer.

STÉPHANE MARIE RAMÈNE SA FRAISE

Je pense qu'au jardin, il n'existe pas plus de mauvaises graines que de mauvaises plantes. Mais certaines d'entre elles n'y sont pas à leur place. Soit elles ne sont pas plus adaptées au sol qu'au climat, soit elles n'offrent pas ce que le jardinier attend.

Au fil d'un temps très long, les plantes ont développé des stratégies afin de survivre, et de se multiplier dans leur milieu.

Les blés de terroirs ont, durant des siècles, été cultivés et améliorés par les paysans qui sélectionnaient ceux qui répondaient le mieux à leurs besoins, que ce soit pour leur résistance à la sécheresse, au vent, ou encore pour la qualité de leurs grains et de leur paille. L'agriculture industrielle a changé la donne en misant sur les blés modernes dont l'extrême productivité repose sur l'importance des apports d'engrais.

Alors qu'en est-il des bonnes graines ? S'agit-il de celles qui réclament quantité d'intrants ou celles, moins gourmandes donc moins productives, mais qui respectent leurs terroirs.

COURIR (TAPER) SUR LE HARICOT DE QUELQU'UN

importuner, exaspérer

Hormis une petite fourmi ou Jack poursuivi par l'ogre, qui donc peut bien courir sur un haricot, même magique ? Pour l'heure, le charme du haricot n'a pas encore opéré et l'on peine à retrouver l'origine de l'expression *courir sur le haricot*. Elle surgit dans le langage familier à la fin du XIXe siècle. Le verbe *courir* connaît depuis le XIIIe siècle le sens de « poursuivre », qui donne en 1900 l'expression *tu commences à me courir*, pour « agacer », mais rien ne dit que *courir sur le haricot* ait un quelconque rapport.

Et le haricot ? En premier lieu, partons de l'idée qu'il symbolise une partie irritable de notre corps. Seulement voilà, d'un argot à l'autre, le *haricot* est tantôt synonyme de *tête*, *pied*,

pénis, *testicule*, tantôt de *vagin* : on n'est pas sorti du potager. Organes sensibles s'abstenir, on aime à les « casser » en notre langue. Pour certains, *courir sur le haricot* serait à rapprocher de *casser les couilles* ou *les pieds*, de *courir* ou *taper sur le système* (entendre le système nerveux) ou encore de *courir sur le ciboulot*, qui cette fois désigne la « tête ». On pourrait choisir de se concentrer sur les pieds. *Table haricot* signifie en argot « orteil » (1883) et le *haricot* « pied » peut s'impatienter d'être écrasé. D'un autre côté, la variante *peler le haricot* datant des années 1950 concerne sans ambiguïté le sexe masculin à l'imitation de l'expression *peler le jonc*.
Bref, le haricot emporte son secret dans sa boîte.

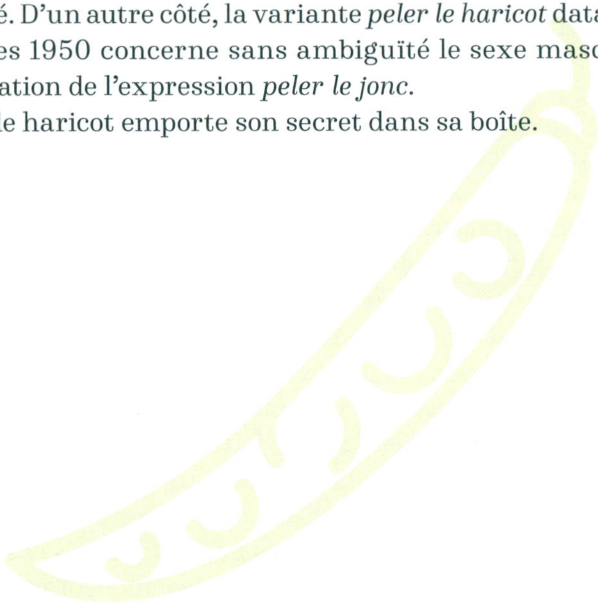

LA FIN DES HARICOTS

la fin de tout, le désastre, la ruine

La fin n'est déjà pas triste, mais attendez de voir le début. Si l'on ne possède pas de certitude concernant l'origine de l'expression, on a toutefois une petite idée. Elle émerge dans la première moitié du XXe siècle. Dans les internats, on nourrit les élèves avec les moyens du bord ; les haricots constituent une denrée de base économique dont on use et abuse en période de vaches maigres. Quand le stock de haricots est épuisé, il n'y a plus rien à manger. La *fin des haricots* provoque le même effet de terreur chez les marins qui, depuis le XVIIIe siècle, respectent un ordre précis pour la consommation des vivres : d'abord le bétail vivant, puis les produits frais, les salaisons, les produits fumés et à la fin les jambons et haricots secs. Au dernier haricot avalé, les cales sont vides.

Une autre explication est possible, à chercher dans les jeux de société où l'on parie des haricots en guise de monnaie. De là provient l'expression *des haricots* signifiant « rien du tout » (1910), et pourquoi pas *la fin des haricots*. Perdu ! Ne passez pas par la case départ.

STÉPHANE MARIE RAMÈNE SA FRAISE

Et puis quoi encore ? La fin des haricots ce serait la fin de tout ! Les haricots sont l'un des plus précieux trésors que les conquistadors ont rapportés du Nouveau Monde. Les peuples des Andes et d'Amérique centrale les consommaient abondamment; des traces de leur culture datant d'il y a huit mille ans ont été retrouvées lors de fouilles au Pérou. Il s'agit de l'espèce dite « haricot de Lima », une forme grimpante portant de gros pois dans ses gousses, proche de notre pois Soissons. C'est un légume qui se conserve très bien sec, qualité qui permettait d'envisager plus sereinement les périodes de disettes. Très faciles à transporter, ils étaient cuisinés en quantité sur les navires au long cours, ce qui fait dire aux historiens qu'ils ont été l'un des outils de la conquête des Amériques. Au XVIIIe siècle, *Le Manuel du bon jardinier* révèle qu'un plan de haricot grimpant pouvait porter un demi-litre de grains. Très productifs, ils ne demandent pas d'apports en fertilisants, puisqu'ils se débrouillent tout seuls en synthétisant l'azote de l'atmosphère. Riches en protéines, les légumineuses, sous l'étendard desquelles ils se rangent, prennent une place prépondérante dans les régimes végétariens. Fèves, soja, fayots, les haricots, loin d'être à leur fin, sont les aliments de demain.

COUPER L' HERBE SOUS LE PIED

frustrer quelqu'un d'un avantage
en le devançant, supplantant

« Je dis, Messieurs, il est interdit de marcher sur le gazon.
- Par Jupiter, Breton, tu t'opposes à la marche des représentants de Rome ?
- Mon jardin est plus petit que Rome, mais mon pilum est plus solide que votre sternum. »

René Goscinny, *Astérix chez les Bretons*, 1966.

Jolitorax soigne son impeccable gazon anglais et serait bien capable de faucher l'herbe sous les pieds des légionnaires qui arrivent avec leurs grosses caligae. L'expression *couper l'herbe sous le pied* n'a certes pas deux mille ans mais tout de même quatre cent cinquante. On en trouve la trace

en 1572. Au XVIIe siècle, le dictionnaire de l'Académie française donne la définition : « supplanter avec adresse et subtilité », et l'on utilise également *faucher l'herbe sous les pieds*.
Mais il faut remonter au XIIIe siècle pour comprendre notre expression. En ce temps, *herbe* désigne génériquement légumes verts et salades. On appelle *potherbes* ceux qu'on cuit en « pot », pour faire des « bouillons d'herbes » : laitue, chicorée, moutarde, arroche, roquette, cresson, blette, betterave, chou. Le *marché aux herbes* ne vend donc pas que des *fines herbes*. Lorsque le vilain médiéval dit avoir « l'herbe qui lui manque sous les pieds », il fait allusion à un potager sans légume, pour exprimer que les moyens de subsistance lui font défaut. De là vient qu'on coupe les herbes sous les pieds d'un concurrent, c'est-à-dire qu'on lui « ôte le moyen d'obtenir une chose ». Ça lui fera les pieds...

EN HERBE

en devenir, en puissance

« Au sort d'être cocu son ascendant l'expose ;
Et ne l'être qu'en herbe est pour lui douce chose. » Quand la nature vous prédestine à être cocu, autant ne l'être qu'en herbe, plaisante Molière dans *L'École des maris*. L'expression *cocu en herbe* s'est figée depuis le XVIe siècle : on brocarde un honnête homme qui a toute la mine d'être un futur cocu, s'il ne l'est pas déjà. *Cocu* est un vieux mot du XIVe siècle, qui joliment provient du monde des oiseaux. C'est une déformation du « coucou », dont la femelle pond ses œufs dans les nids des autres.

En herbe s'avère aussi d'usage très ancien, puisque dès le XIIIe siècle l'expression désigne les jeunes pousses de céréales dont les grains n'ont pas éclos et, à partir du XVIe siècle, elle s'emploie au figuré pour « en puissance », ou pour désigner les dispositions que présente précocement un enfant.

Georges Feydeau a vingt-quatre ans lorsqu'il écrit *Fiancés en herbe*, une « comédie enfantine en un acte » mettant en scène Henriette, neuf ans, et René, onze ans, qui jouent à se marier au lieu d'apprendre leur fable.
L'herbe connaît depuis son origine latine *herba* le sens de « jeune pousse » en parallèle de « l'herbe » commune, des « mauvaises herbes » et des « plantes » en général. Un mot rural fidèle à lui-même, on peut compter sur lui pour enherber notre langue longtemps encore, à moins qu'on lui coupe l'herbe sous les pieds.

L' HERBE EST TOUJOURS PLUS VERTE AILLEURS

on croit toujours que les autres sont mieux lotis, qu'on trouvera mieux ailleurs

Un beau jour, la chèvre de Monsieur Seguin s'ennuya dans son enclos. « L'herbe du clos lui parut fade. » La chevrette persuada son maître de la laisser se dégourdir les jambes dans la bruyère de la montagne. « C'est là qu'il y en avait de l'herbe ! jusque par-dessus les cornes [...] ! Et quelle herbe ! Savoureuse, fine, dentelée, faite de mille plantes... » Mais à la tombée du jour, la chèvre fit une mauvaise rencontre : après une nuit de lutte sous les étoiles, elle se laissa dévorer. Le conte d'Alphonse Daudet (*Lettres de mon moulin*, 1887) semble développer le proverbe *l'herbe est toujours plus verte ailleurs*, dont les origines sont nébuleuses et l'inspiration probablement ancienne. Il dénonce un mirage auquel on ne résiste pas à croire.

« Il n'y a pas d'ailleurs
Où guérir d'ici. »

Eugène Guillevic jure que l'herbe n'est jamais plus verte ailleurs (*Du domaine*, 1977). *Ailleurs* vient du latin *alius*, « autre ». Comment ne pas imaginer autre chose que le lassant quotidien ? Lorgner sur le pré du voisin, convoiter une autre pâture, croire enfin que cette herbe est forcément plus fraîche que celle qu'on se met sous la dent… Bref : rêver.

STÉPHANE MARIE RAMÈNE SA FRAISE

Mais qu'ont-ils donc mes moutons, à toujours vouloir aller dans le champ du voisin? Sans doute le goût du dépaysement!

Pourquoi cette obsession pour une herbe toujours plus verte? Et de quel vert est-il question? Un vert tendre quasi fluo, comme cette nouvelle herbe qui pousse en fin d'hiver dans les champs et dont la fraîcheur révèle le manque de lumière en ces journées encore trop courtes?

Ou celui des terrains de golf et de football qui, pour la beauté de l'image, sont régulièrement saupoudrés d'engrais azotés et abondamment arrosés? Un cocktail qui provoque son lot de maladies cryptogamiques, causées par des champignons qu'il faut régulièrement traiter.

Mes moutons goûteront-ils ces nouvelles pelouses en matière plastique aujourd'hui déroulées sur les stades? Que penseront-ils de ces terrains vus en Italie dont les abords des buts, complètement pelés, sont passés à la peinture verte?

Chers moutons, promenez-vous mais, surtout, ne lâchez pas la proie pour l'ombre!

CULTIVER SON JARDIN

exercer ses talents ; agir sans perdre son temps à spéculer

Quand on fleurit notre langage de cette expression, on cite en réalité la fin du *Candide* de Voltaire (1759). On l'a quelque peu pervertie par un tour individualiste en parlant de « son jardin », alors que Candide préconise : « Il faut cultiver notre jardin. » Comprendre : chacun doit exercer ses talents, chacun doit faire sa part du travail pour faire progresser la société. Le philosophe oppose « notre jardin », c'est-à-dire notre bonne vieille Terre, au jardin d'Éden qui n'offre que des illusions. Nous ne devons nous préoccuper que des problèmes qui se trouvent à notre portée plutôt que de métaphysique.

Le mot *cultiver*, issu du latin *cultus*, veut dire au XIIe siècle « cultiver la terre », mais dès le XVIe siècle il signifie aussi

« former en éduquant et en instruisant » et « consacrer du temps, développer par l'exercice ».

Juste après la publication de *Candide*, Voltaire quitte sa demeure des « Délices » - le « palais d'un philosophe avec les jardins d'Épicure » - et fait l'acquisition du domaine de Ferney, près de Genève, où il passe ses vingt dernières années. Voltaire transforme la vieille bâtisse médiévale entourée de marécages en château cossu prolongé d'un jardin à la française. Il assèche les marais, développe l'agriculture locale, crée une magnanerie (élevage de vers à soie) et une manufacture d'horlogerie. Voltaire se vante de labourer ses champs lui-même… Le « hameau misérable » devient un village prospère grâce à ses investissements ruraux. Voltaire ouvre les portes de ce bienheureux séjour à toute l'intelligentsia du siècle et devient « l'aubergiste de l'Europe ».

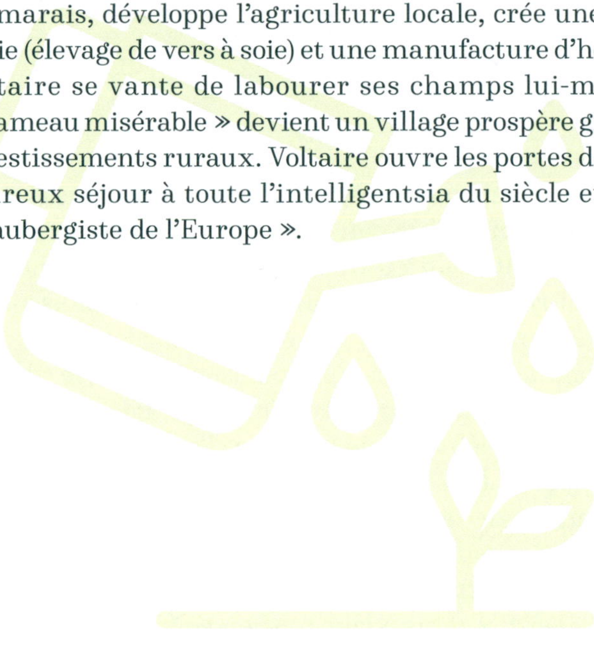

S'ENDORMIR SUR SES LAURIERS

ne pas poursuivre une carrière glorieusement commencée

Traquée par Apollon pétri d'amour, la nymphe Daphné se métamorphose en laurier sous les yeux de son soupirant. Le dieu inconsolable se tresse une couronne d'un rameau de ses branches, et le voilà associé à jamais au laurier.

Son feuillage possède un parfum puissant et l'arbre a la particularité de pouvoir brûler vert dans un grand crépitement ; c'est tout naturellement que les Grecs l'unissent aux forces de lumière et de feu. Pour prix des jeux pythiques on offre des couronnes de lauriers aux vainqueurs. Les orfèvres montent des couronnes de lauriers en or massif pour les souverains, les magistrats, les statues des dieux, les défunts de haut rang. Les Romains à leur tour en coiffent les généraux

lors de leur retour triomphal : ils défilent sur la *via Sacra* jusqu'au temple de Jupiter Capitolin, où la couronne est dédiée au dieu. Sous l'Empire on récompense aussi les sportifs d'une couronne de lauriers, et les empereurs en ceignent leur front. L'expression *se reposer sur ses lauriers*, ou *à l'ombre de ses lauriers*, « jouir d'un repos mérité à la suite d'un succès », survient en 1700, suivie de *s'endormir sur ses lauriers*, « se contenter d'un premier succès », à la fin du siècle.
Le mot *lauréat* est emprunté au XVIe siècle au latin *laureatus*, « couronné de lauriers » (*laurea* signifiant « laurier »). Au début du XIXe siècle *lauréat* passe dans le sens moderne de « vainqueur d'un concours ». En Italie, les jeunes diplômés de *laurea* (licence) sont encore coiffés d'une couronne de lauriers et l'occasion est toujours celle d'une fête éclatante… Il est très certain que le nouveau lauréat va au petit matin se reposer paisiblement sur ses lauriers.

TRESSER DES LAURIERS À QUELQU'UN

faire l'éloge de quelqu'un

« Plus on aime quelqu'un, moins il faut qu'on le flatte » : un guide de conduite que le misanthrope de Molière applique à la perfection. Alceste n'entend tresser de lauriers à personne et ne l'aurait d'ailleurs pas pu, car l'expression figée *tresser des couronnes* ou *des lauriers* date des années 1830, même si le laurier représente la gloire depuis l'Antiquité. Au Moyen Âge, notamment en Italie, on en coiffe les poètes : Dante, Boccace, Pétrarque. Un « poète lauréat » est à l'aube du XVIIIe siècle un écrivain primé d'une pension d'État. Quand on tresse des couronnes à quelqu'un, on convoque à la fois les empereurs et les plus prestigieux noms de l'Art pour s'accompagner dans l'éloge.

L'élévation de la référence confère dès lors un petit air malicieux à nos lauriers modernes. Une pointe d'ironie peut percer. « Cette couronne de laurier que mettait César pour empêcher qu'on ne vît qu'il était chauve », se souvient Montesquieu… *Memento mori*. La feuille de laurier a une belle forme de couteau biface à double tranchant. C'est un art consommé que la flatterie, gare à qui flagorne sans adresse !

STÉPHANE MARIE RAMÈNE SA FRAISE

Consacré au dieu Apollon, *Laurus nobilis* n'a pas seulement fini sur la tête des empereurs. Pour ma part, c'est en cuisine que je le préfère. Une fois ses feuilles séchées, elles rejoignent les bouquets garnis qui parfument pot-au-feu et autres plats en cocotte. Mieux encore, le laurier-sauce, un autre de ses surnoms, possède des vertus bénéfiques pour la santé. Antioxydant, il remplace le sel dans les régimes hyposodés ; également antibactérien et antiseptique, il constitue à lui seul une véritable pharmacopée. En automne, une fois les haricots secs récoltés, je les conserve en bocaux dans lesquels j'ajoute toujours une à deux feuilles de laurier pour éviter que les vers ne s'y attaquent. En Turquie, en Algérie et au Maroc, les chevaux étaient régulièrement frictionnés avec de jeunes feuilles de laurier afin d'en éloigner les mouches. Ceci grâce au benzaldéhyde, à la pipéridine et au géraniol qu'elles contiennent.

Alors pour quelle raison ces couronnes de laurier tressé étaient-elles posées sur la tête des empereurs ? En hommage à Apollon ou pour faire fuir les mouches ?

C'EST UN VRAI

LÉGUME

personne apathique ; en situation végétative

C'est l'anglais *vegetable* qui influence notre usage de *légume* pour désigner une personne qui ne fait rien, au propre et au figuré. Elle reste plantée comme un légume. En milieu hospitalier, on nomme parfois *une plante verte* ou *un légume* un patient réduit à l'état végétatif chronique ou en état de conscience minimale, ou encore en *locked-in syndrome* – le syndrome d'enfermement.

Dans *Le Scaphandre et le Papillon* (1997), Jean-Dominique Bauby fait le récit de sa vie recluse dans son corps paralysé (il dicte son livre à une collaboratrice du battement de sa paupière). Il a ouï-dire qu'au café de Flore, on potine sur le directeur du magazine *Elle* transformé en « légume » : « Le vocable "légume" devait être doux au palais de ces augures car il était revenu plusieurs fois entre deux bouchées de welsh rarebit. Quant au ton, il sous-entendait que seul un béotien pouvait ignorer que désormais je relevais davantage du commerce des primeurs que de la compagnie des hommes. [...] Si je voulais prouver que mon potentiel intellectuel était resté supérieur à celui d'un salsifis, je ne devais compter que sur moi-même. »

Le mot *végétatif*, cousin de *végétal*, désigne depuis le XVIIIe siècle une personne inactive. À l'hôpital, on préfère parfois à *état végétatif* l'appellation plus respectueuse d'*état d'éveil sans réponse*.

STÉPHANE MARIE RAMÈNE SA FRAISE

Un vrai légume ? *Selon Le Robert historique de la langue française*, le mot est connu depuis 1531 et vient du latin *legumen* qui désigne « les plantes à gousses parmi lesquelles les haricots, les fèves,... » Les botanistes ont ainsi classé toutes ces plantes dans la famille des Légumineuses, renommées depuis peu « Fabacées », la fève devenant le porte-drapeau de cette famille. Ensuite tout se complique. Le langage courant allant même jusqu'à désigner certaines céréales comme étant des légumes. La botanique a perdu, la cuisine a gagné. Aujourd'hui, la définition des légumes concerne les plantes ou leurs parties comestibles, issues d'espèces potagères. Ainsi, d'un point de vue culinaire, le turion de l'asperge, la feuille de salade, la racine de la carotte ou celle du navet sont considérés comme étant des légumes tout comme les boutons floraux du chou-fleur et le bourgeon de l'artichaut. Plus surprenant, la tomate, l'aubergine, la courge sont également assimilées aux légumes alors que, d'un point de vue botanique, ce sont des fruits, soit les enveloppes dans lesquelles se développent les graines. De vrais légumes ? La question reste ouverte.

UNE (GROSSE) LÉGUME

personnage important, influent

La recette des *huiles* et des *grosses légumes* serait une création des troupiers du XIXe siècle ; elle ne sort pas du mess, elle est inspirée par les galons des gradés. Sous le Second Empire, les officiers portent des épaulettes à broderie torsadée qu'on qualifie *à graines d'épinards* pour leur forme ressemblant à la montée en graine d'un plant d'épinard. On appelle par extension le grade d'officier supérieur *graine d'épinards* dès les années 1830.

Au même moment éclôt l'expression *grosse légume* qui désigne dans l'argot militaire les hauts gradés de l'armée avant de s'étendre aux fonctionnaires puissants, magistrats, élus. « Mon oncle, un programme de la fête dans les mains, lisait tout haut les noms des "grosses légumes" à mesure qu'elles passaient à cheval », raconte Gaston Jollivet (*Souvenirs de la vie de plaisir sous le Second Empire*, 1927). L'usage du féminin a de quoi surprendre, mais il s'explique fort simplement. Le mot *légume*, qui vient du latin *legumen*, est d'abord masculin, puis féminin en langue classique, avant de laisser le choix possible aux XVIIe et XVIIIe siècles. Le masculin s'impose finalement, sauf dans l'expression *grosse légume*. On rencontre également l'expression *être dans les légumes* qui signifie « occuper un poste important ».

Et *les huiles* ? La mise en bouche est assaisonnée par l'expression sortant de Saint-Cyr, *nager dans les huiles*, « fréquenter des personnes influentes ». Les galons sont surnommés *sardines* et se serrent sur les poitrails comme dans leur boîte : leur fier porteur baigne dans l'huile.

EFFEUILLER LA MARGUERITE

ôter les pétales d'une marguerite
pour savoir si l'on est aimé

Le charmant badinage auquel on s'adonne étant enfant, ou très jeunes amoureux, renferme tout ce qu'il y a de candeur et de délicatesse dans une pâquerette. Un peu, beaucoup, passionnément, à la folie, pas du tout…
L'expression *effeuiller la marguerite* date seulement du XIXe siècle mais on ignore à quand remonte le jeu lui-même. La tournure *à la franche marguerite*, bien plus ancienne, y fait-elle allusion ? Son sens a évolué avec le temps. Au XVIIe siècle, *y aller à la franche marguerite* signifie « procéder franchement, de bonne foi », puis au XIXe siècle c'est un équivalent d'*effeuiller la marguerite*. En ce temps, on qualifie la blanche fleurette d'« oracle des jeunes filles » : la marguerite, dans sa simple pureté, ne ment pas, prédit les amours.

Cette croyance en des propriétés divinatoires pourrait venir de Normandie. Son nom vient de *margarita*, « perle » en latin, et ne désigne la fleur qu'à partir du XIVe siècle.

Dans *Le Langage des fleurs* (1819), Charlotte de la Tour affirme qu'« au temps de la chevalerie, lorsqu'une dame ne voulait ni accepter ni rejeter les vœux d'un requérant d'amoureuse merci, elle ornait son front d'une couronne de blanches Marguerites : cela voulait dire : J'y songerai. » La couronne de pâquerettes est également symbole d'innocence, c'est un attribut de l'enfance. Gérard de Nerval se remémore « une petite paysanne qui l'a aimé et l'appelait son petit mari, qui dansait et chantait toujours, et qui, le dimanche au printemps, se faisait des couronnes de marguerites » (*Le Rêve et la vie*, 1868).

Aujourd'hui la jeunesse ne s'en laisse plus conter si facilement, elle effeuille bien plutôt une pizza margherita, mais le saviez-vous ? Elle doit son nom à Marguerite de Savoie, première reine de l'Italie unifiée.

TIRER LES MARRONS DU FEU

prendre des risques pour le seul intérêt d'autrui ; tourner à son avantage une situation périlleuse aux dépens d'autrui

Nous autres braves gens utilisons parfois cette expression à mauvais escient. On en comprend le sens véritable en rétablissant dans son entièreté l'expression qui a été abrégée avec le temps. On disait autrefois *faire comme le singe, tirer les marrons du feu avec la patte du chat*, une expression des années 1640 dont l'image est tirée de la fable antique *Le Singe et le Chat d'Ésope* (VIe siècle avant J.-C.). Le sieur La Fontaine en reprend le sujet dans le détail en 1679 ainsi que le titre, et sa fable garantit en retour un succès populaire à l'expression :

« Bertrand dit à Raton : Frère, il faut aujourd'hui
Que tu fasses un coup de maître.

> Tire-moi ces marrons. Si Dieu m'avait fait naître
> Propre à tirer marrons du feu,
> Certes marrons verraient beau jeu. »

Le chat se brûle la patte et ne voit pas le singe lui soutirer ses marrons, car la providence (une servante) survient. Moralité : *tirer les marrons du feu* signifie « servir aux desseins d'un autre dont on est la dupe ». Mais si l'on se place du côté du singe, l'expression veut dire « se servir adroitement d'un autre pour faire une chose dangereuse ». Cela dépend de qui parle, si l'on est plutôt singe ou chat.

STÉPHANE MARIE RAMÈNE SA FRAISE

Les marrons que nous dégustons glacés sont des châtaignes. L'affaire est entendue depuis longtemps. Transformée en farine ou simplement grillée ou bouillie, la châtaigne a été durant des siècles un aliment important pour les habitants de régions aux sols pauvres. Le marron, le vrai fruit du marronnier, s'il est impropre à la consommation humaine, n'est pas complètement inutile. Il peut entrer, sous forme de fécule, dans l'alimentation des porcs et des brebis ; donné en petite quantité, il soulage les chevaux lorsqu'ils sont essoufflés, qu'ils ont pris froid ou qu'ils souffrent de difficultés respiratoires. Mais revenons à nos propres bobos pour lesquels le marron offre ses vertus décongestionnantes et anti-inflammatoires. Plus simplement, à chaque automne, je ramasse deux marrons, j'en mets un dans chaque poche pour pouvoir les malaxer et, ainsi, atténuer d'éventuelles douleurs articulaires. C'est ma façon de sortir les marrons du feu.

ÊTRE FAIT

MARRON

être pris sur le fait, appréhendé, dupé

« Sachant que même dans les secteurs autorisés et de surplus aux heures ouvrables, les filles se faisaient parfois emballer, aller faire la gracieuse sur les boulevards dénotait un certain culot. Faite marron, la délinquante descendait à Nanterre pour huit ou quinze jours et ce n'était pas rien. »

Martin Rolland, *La Rouquine*, 1976.

Ce n'est pas là une affaire de coup de poing dans le nez - ou, disons, pas directement. En argot des milieux peu recommandables on dit *être marron* ou *être fait marron* à partir de 1955 pour « être fait », ou « arrêté » d'après l'expression *être paumé marron* au début du siècle. On peut aussi *faire quelqu'un marron*, ce qui voudra dire qu'on l'a filouté, privé d'un profit.

L'adjectif argotique *marron* semble n'avoir aucun lien avec le fruit du marronnier, qui va rester bien au chaud dans sa bogue. Son origine se trouve du côté de nos tristes tropiques. Il vient de l'espagnol *cimarrón* qui désigne un « animal domestique retourné à l'état sauvage » ainsi qu'un « indien fugitif » (un sens qu'on rencontre dès 1535). Les Antilles françaises adoptent *marron* vers 1640 à propos des animaux puis l'étendent aux esclaves qui se sont échappés dans la forêt vierge. Armé de fusil, on se lance en chasse contre une « négresse marronne », un « noir marron ». À la fin du XVIIIe siècle un nouveau sens apparaît, celui de « pratique illégale d'une profession », notamment dans *médecin* ou *avocat marron*. Un livre publié clandestinement est aussi un marron. De là, on est *fait marron* quand on est pris la main dans le sac - gare aux châtaignes qui pleuvent !

AVOIR LE MELON

être prétentieux

Le monde entier prétend que les Français sont prétentieux. Comment ? Nous, le melon ? Sans mentir, si notre ramage se rapporte à notre visage, nous sommes la cucurbitacée de ce globe. Nous aimons certes ouvrir le bec, mais nous savons aussi le reconnaître.

Avoir la grosse tête est un péché depuis les Grecs, et le *melon* désigne la tête en argot depuis les années 1830. On dit aussi *quel melon !* pour désigner un « nigaud ». Un chauve a *le melon déplumé*, il gagne à couvrir son chef d'un *chapeau melon*, ou simplement d'un *melon* à la fin du siècle. Les légumes ronds et enflés ont tendance à devenir familièrement synonymes de la *tête*, et quant au melon, il se bouffit aussi d'orgueil.

Issu du grec *mêlopêpon*, le mot *melon* apparaît pour la première fois en français au XIIIe siècle dans une recette de décoction médicinale. Peut-on guérir d'*avoir chopé le melon* ? Le fruit présente des vertus diurétiques reconnues qui permettent de réduire le gonflement.

STÉPHANE MARIE RAMÈNE SA FRAISE

Originaire d'Afrique australe, le melon a mis du temps, et a beaucoup voyagé avant de se retrouver dans nos assiettes. Plus de deux mille ans avant notre ère, les Égyptiens le cultivaient sur les rives du Nil avant qu'il ne passe, durant l'Antiquité, chez les Grecs et les Romains. Certains textes du XIIe siècle font état de melons sucrés ayant transité de l'Inde vers l'Andalousie, par les voies commerciales ouvertes par les Arabes.

Au XVIe siècle, des melons introduits par des missionnaires en Italie depuis l'Arménie sont mis en culture à Cantalupo, la résidence d'été des papes. Logiquement, le nom de la variété Cantaloup dériverait de Cantalupo. Cultivés avec succès dans les régions de Narbonne et de Carpentras, ils gagnent, en quelques décennies, la Touraine et l'Anjou. Malgré les mises en garde des médecins, les princes et les rois raffolent des melons qu'ils consomment à satiété. À Versailles, les jardiniers de Louis XIV les multiplient dans le Potager du Roi.

Enfin, dans le nord de la France, il y a encore une cinquantaine d'années, les melons débarquaient sur les étals des foires pour la Saint-Gilles, chaque 1er septembre.

Sorti des palais, le melon est devenu un fruit populaire; le déguster reste une fête. Est-ce cela *avoir le melon* ?

SE FAIRE DU MOURON

se faire du souci

Son petit nom scientifique est « *stellaria media* » : cette fleur caryophyllée se fait aussi appeler *morgeline* (de l'italien *morsugalline*, « morsure de poule ») ou *mouron blanc*, ou encore *mouron des oiseaux*.

Les serins domestiques en font leurs choux gras et l'on s'est tôt emparé de la niche commerciale. Parmi les petits métiers d'antan, vendeurs déambulant de porte en porte pour du lait, des journaux, des partitions d'air d'opéra à la mode, etc., figurent aussi les marchands de mouron. La plante ignore les saisons et s'avère très commune par nos climats, elle pousse au bord des chemins, dans les murs, un peu partout. Les camelots parcourent les rues, chargés d'une grande hotte et d'un panier, ou tirent une brouette ou une voiture à bras, pour les plus gros commerçants. Au début du XXe siècle, il y en aurait deux mille rien qu'à Paris. Les oiseaux dans leur cage piaillent de plaisir au cri caractéristique : « Du mouron pour les p'tits oiseaux ! Un sou la botte ! »

Quel rapport avec l'idée de se faire du souci ? La faute n'est pas à la pénibilité (avérée) du travail de mouronnier mais au sens argotique de *mouron* comme « cheveu » présent dès la fin du XVIIIe siècle - dû à la forme de la plante qui pousse en touffes broussailleuses ; on dit alors d'un homme dégarni qu'il *n'a plus de mouron sur la cage*. Comme on *se fait des cheveux* lorsqu'on a du tracas, au sens où nos cheveux deviennent blancs, on s'est mis à *se faire du mouron* après-guerre.

On découvre alors que l'étymologie est pleine de sagesse. Pour ne plus se faire de mouron, le mieux est encore d'ouvrir la cage aux oiseaux.

STÉPHANE MARIE RAMÈNE SA FRAISE

Eh oui, on peut s'en faire! Mieux vaut ne pas se tromper de mouron! Cette petite plante annuelle vient se glisser spontanément dans les rangs de légumes et dans les plates-bandes fleuries. Seule sa floraison indique de quel mouron il s'agit. Si la fleur est blanche, tout va bien et vous pouvez le cueillir pour faire entrer son petit goût délicat de noisette dans une salade sauvage. Mais si la fleur est rouge, sachez qu'il s'agit d'*Anagalis arvensis*, le mouron rouge qui, lui, n'a rien d'anodin. Il tient son nom latin du grec *anagelein* soit « rire aux éclats » car les anciens Grecs lui prêtaient un pouvoir hilarant. Sa sève est censée apaiser les maux dentaires si on l'instille dans l'oreille du côté de la dent douloureuse. Les brebis s'en régalent mais ses graines empoisonnent les petits oiseaux. Ses fleurs ne s'ouvrent qu'avec le soleil et se ferment dès qu'une averse s'annonce, ce qui lui vaut le joli surnom de « miroir du temps ». Se faire du mouron? Mieux vaut en rire!

PIERRE QUI ROULE N'AMASSE PAS

MOUSSE

on ne s'enrichit pas en parcourant le monde

Le groupe des Rolling Stones a choisi son nom en hommage au blues mythique de l'Américain Muddy Waters, *Rollin' Stone* (1950), une référence à la tournure populaire *rolling stone* signifiant « bon à rien, vagabond », elle-même tirée de l'expression *the stone that is rolling can gather no moss*, remontant semble-t-il au XVIe siècle.

Notre proverbe *pierre qui roule n'amasse pas mousse* plonge aussi ses racines loin dans le terreau du temps, au moins au XVIIe siècle, même si l'usage exact est attesté au XIXe siècle. Il veut dire qu'à trop voyager, à trop changer d'État, on ne devient pas riche. Pas sûr que les Rolling Stones soient fidèles à cette devise casanière. Aujourd'hui hermétique à nos oreilles, l'image du proverbe est celle d'une pierre emportée par le courant d'une rivière tumultueuse ; impossible pour elle de se couvrir d'un épais manteau de mousse.

La verte mousse représente depuis l'an 1480 « la richesse », et quand en cette fin de Moyen Âge on se plaint de *ne jamais cueillir mousse*, c'est bien après les espèces sonnantes et trébuchantes qu'on soupire. Ce n'est plus la fière époque des chevaliers errants et ceux qui voient du pays font plutôt partie des brigands. Ne pas s'attacher à une terre est louche. Voleur d'enfant ? Espion ? Mendiant ? Un pèlerin ne gagne pas d'argent. Il y a évidemment les aventuriers du XVIIIe siècle, Casanova, le comte de Saint-Germain, Nicolas de la Motte, mais leur fortune est précaire et leur penchant pour l'escroquerie bien connu. Ainsi, fort de son immuable sagesse de sénateur engraissé, le dicton traverse les âges sans encombre jusqu'à nous.

En voir des vertes et des pas MÛRES

voir des choses étonnantes, choquantes, licencieuses ; rencontrer toutes sortes d'ennuis

Vers 1430 paraît avec succès un essai comique sur la guerre des sexes, *Les Quinze joyes de mariage*, pendant farcesque à l'amour courtois qui met en scène les grandeurs et misères des maris. Bienheureux l'homme qui possède « proude femme ; et si elle est aultre, qui avient souvent, pensez qu'il a assez a souffrir, et si el lui en baille de belles, de vertes et de meures » !

S'ensuit le tableau des vertes et des pas mûres : elle l'envoie dormir quand il veut veiller, et le jour d'après, elle le fait lever à minuit parce que l'envie lui prend de voir son amant. Elle prétexte une douleur au côté, et voilà le pauvre mari sous la pluie et la grêle à chercher un remède tandis que la femme cache son galant au sellier. L'expression *en bailler des vertes et des mûres* ou *en bailler de belles* apparaît à cette époque, à partir d'une autre datant de 1350, *la bailler belle*, ou *la bailler bonne* : « en faire accroire, duper par des paroles habiles ». Les *vertes* désignent des « histoires grivoises » ou des « mésaventures » selon le contexte, mais l'expression joue sur le double sens du mot, qui peut représenter des fruits pas mûrs. Au XIXe siècle on ajoute la négation *pas*, *en voir des vertes et des pas mûres* : ce peut être une variante humoristique par l'absurde, ou encore un simple renforcement, sans valeur de négation. À la fin du XIXe siècle on peut dire qu'on en *voit de toutes les couleurs*, en usant d'un sens ancien du mot *couleur* : « genre », « aspect », « nuance ». Apparemment, les maris n'ont pas fini de s'en voir.

Avoir du sang de NAVET

être anémique, maladif ; sans énergie, peu courageux

Pourquoi les adolescents sont-ils mous ? Une explication sans doute peu scientifique consisterait à dire qu'ils *ont du sang de navet*, selon l'expression consacrée au début du XXe siècle.

C'est une vieille habitude que de dénigrer l'innocent légume, considéré depuis le Moyen Âge comme vulgaire, palot. À la fin du XVIIIe siècle on surnomme *navet* un tisserand, raillant sa mine blême de travailleur voûté sur le métier à tisser. Au XIXe siècle on déplore un teint *pâle comme un navet* et l'on associe le manque de vigueur anémique, la faible constitution, à une coloration terne du sang ; on dit aussi *ne pas avoir de sang dans les veines*. Dans la théorie médicale des humeurs - qui n'a plus cours depuis la fin du XVIIIe siècle mais influence encore les arts et le parler, - un tempérament « lymphatique » a peu d'aptitude à l'action. Liée à l'élément « eau », froid et humide, son humeur dominante de lymphe le rend apathique. Transposé au figuré, le sang pâle représente la lâcheté. « Pour moi les héros de tragédie ne sont que des philosophes flegmatiques, sans passions, qui n'ont que du jus de navet au lieu du sang dans les veines. » (Prosper Mérimée, *Jacquerie*, 1828.) Que dirait-il en nous voyant courbés sur nos smartphones ?

STÉPHANE MARIE RAMÈNE SA FRAISE

Enfant, je me souviens avoir surpris une conversation entre deux paysans au cours de laquelle ils avaient traité un voisin de « vrai sang de navet ». Même si je n'en avais pas tout à fait saisi le sens, l'expression m'avait semblé être particulièrement dégradante. Surtout dans ces métiers liés à l'élevage où la force des gènes du bétail fait la fortune des fermes. Pourtant, ce légume a la gentillesse de s'accommoder de sols maigres, ce qui lui a longtemps valu d'être considéré comme le légume du pauvre. Aujourd'hui, sa bonne réputation est établie. Pauvre en calories, il regorge de vitamines A et B ; riche en fibres, il bat la plupart des légumes frais côté sels minéraux comme le potassium, le phosphore ou encore le sodium. Autant de qualités qui le rendent indispensable pour conserver ligne et santé !

Alors, non, messieurs, votre mépris pour le paysan voisin n'est plus à l'ordre du jour.

UN

NAVET

un mauvais film

Malgré les nombreux festivals de nanars, un réalisateur ne se réjouit pas forcément de voir son film qualifié de *navet*. S'il savait ! Au XIIIe siècle il eût pu essuyer l'insulte *pet de navet*. Heureusement, le cinématographe n'a pas connu telle avanie.

Le mot *navet* possède dès cette époque une acception de « nullité, chose de très peu de valeur ». Au XIXe siècle on s'exclame *des navets !* pour répondre : « presque rien, rien du tout ». *Navet* est aussi un quolibet signifiant « imbécile » et, vers 1850, le légume racine se met à la peinture et prête son nom à « un exécrable tableau, une croûte ». Le navet élève bientôt ses ambitions et devient le patron des médiocres de tous genres artistiques, notamment le spectacle. L'écrivain mémorialiste Léon Daudet s'exaspère du triomphe que la presse

N

réserve à des navets comme cette pièce de Victorien Sardou (nous déclinons la responsabilité de ce jugement) : « ce navet inouï, *Théodora*, où l'on chantait dans la coulisse, en l'honneur de l'impératrice débauchée, et même débouchée ». Il s'assombrit ensuite : « À ces horreurs imbéciles, l'assistance se pâmait. » De nos jours ce type de « navet » ne trouve plus refuge qu'auprès de la grande famille du cinéma.

Pour conclure sur le sujet de la nave, petit twist final : sachez que le mot *nanar* n'est pas du tout dérivé de *navet*. Il vient en 1900 de l'argot *panard*, « vieillard », lui-même déformé de *panet*, « vieux chiffon, loque ». Un *nanar* est donc littéralement « une vieillerie sans valeur ». Les cinéastes sont rhabillés de fripes pour l'hiver.

À LA NOIX

sans valeur, de mauvaise qualité

Deux théories s'affrontent pour expliquer *à la noix*. À main gauche, les tenants d'une origine remontant au XIIe siècle. L'ancien français possède de nombreuses manières d'exprimer la négation autres que *ne… pas*, *point*. Pour la « minuscule quantité » on peut utiliser *ne… mie* (d'après *miette*). Pour le « rien » : *goutte*, *mot*. Pour une petite quantité, il y a *boton* (bouton), *gant*, *noix*. On peut dire : « il n'estime noix ». Nous aurions ainsi conservé l'idée dans l'expression *à la noix* à la toute fin du XIXe siècle, sans continuité d'usage.

À main droite, ceux qui allèguent une mauvaise prononciation du « cresson alénois », nommé au XVIe siècle d'après *orlenois*, « d'Orléans ». L'erreur semble être en effet coutumière : le *Cours complet d'agriculture* de Rozier (1784) spécifie

« le cresson *alenois*, & non pas à la noix, comme disent les jardiniers ». Les planteurs ne sont pas les seuls à se tromper, car on lit dans le *Calendrier gastronomique pour l'année 1867* (Brisse) : « On entend par fines herbes toutes les fournitures de salade, comme cerfeuil, estragon, pimprenelle, cresson à la noix, civette. » Le cresson alénois s'utilise pour rehausser une salade, en vertu de sa saveur âcre, piquante et amère - et serait devenu synonyme de *mauvais* sous la forme *à la noix*.

STÉPHANE MARIE RAMÈNE SA FRAISE

Similia similibus curantur soit « Les semblables soignent les semblables ». Au XVIe siècle, c'est ainsi que le suisse Paracelse, médecin, alchimiste et théologien, résume le principe de la théorie des signatures. Un truc à la noix abandonné deux siècles plus tard.

Cette noix, justement, abrite sous sa coquille deux cerneaux qui ressemblent aux deux hémisphères du cerveau. Alors, selon la théorie, mangez des noix afin de soulager ou stimuler votre tête. Si la forme de la plante est primordiale, sa couleur l'est aussi. Prenez la pulmonaire (*Pulmonaria officinalis*), cette ravissante plante des sous-bois possède des feuilles larges et pointues, tachetées de blanc qui évoque les lobes des poumons. Idéales donc pour soigner les maladies pulmonaires. Absurde, non ? Pourtant, ses feuilles sont toujours utilisées en herboristerie pour soulager la bronchite, grâce au mucilage expectorant qu'elles contiennent. Un truc à la noix ?

SE METTRE EN RANG D'
OIGNONS

sur une seule ligne, à la file

Quand on place des enfants *en rang d'oignons* dans la cour de l'école, on croit les aligner sagement comme sur le sillon d'un potager bien droit. En réalité, on les ligote avec des liens serrés, et on les classe du plus grand au plus petit - à la Dalton. L'image est en effet tirée de la manière dont on conserve les oignons au XVIIe siècle, rangés du plus gros au plus menu et fermement attachés ensemble avec des brins de paille.

En 1611, *être en rang d'oignon* signifie ainsi « s'agréger à une compagnie où l'on n'a pas sa place », « se mettre en un rang où il y a des gens de plus haute condition que soi ». En somme, *être comme un cheveu sur la soupe*. « J'oubliais Madame de Vendôme, qui parût aussi chez le Roi en rang d'oignon, mais qui ne fut point visitée, parce que la bâtardise de son mari venait de plus loin. » (*Mémoires*, tome V, 1710.) Le duc de Saint-Simon nous prouve que loin d'une perspective bucolique, l'expression puise sa signification dans les règles de l'étiquette et son goût féroce pour les hiérarchies.

À partir du XIXe siècle on ne comprend plus l'expression que dans le sens de s'aligner en brochette, sans plus garder souvenir des pique-assiette d'autrefois.

STÉPHANE MARIE RAMÈNE SA FRAISE

Tous sur la même ligne, rien qui dépasse.

Les oignons aiment à pousser dans des sols légers, à l'écart de toute concurrence, les adventices n'ayant pas droit de cité dans leurs plates-bandes. « Le potager m'ennuie », me déclarait un ami journaliste. « Tout y est ordonné, rectiligne. » En effet, pour optimiser les cultures, elles doivent être régulièrement binées. Du coup, question pratique, la ligne droite s'impose naturellement. Le vieux précepte qui veut qu'« un binage égale deux arrosages » n'a rien perdu de sa véracité. D'autant qu'une terre fréquemment aérée gagne en fertilité. En effet, la vie des bactéries du sol s'en trouve favorisée, augmentant ainsi leur action bénéfique sur les racines. L'usage de la houe ou de la binette, manuelles ou mécaniques, laisse donc peu de chance aux malheureux oignons qui s'échapperaient de la ligne.

Ainsi, sortis du rang en rejetant les herbicides, les maraîchers bios n'ont pas eu d'autre choix que d'y faire entrer leurs cultures.

AUX PETITS OIGNONS

avec un soin attentif

Si l'oignon est connu de nos palais nobles et rustiques depuis l'Antiquité, les *petits oignons* constituent un raffinement de la gastronomie française plus récente ; on en trouve la trace à partir des années 1650, mais c'est surtout depuis le temps des Lumières qu'on en fait cas. De quoi s'agit-il exactement ?

Ce sont des oignons blancs qu'on plante de manière très serrée pour qu'ils ne se développent pas, et qu'on ramasse encore jeunes, du printemps à l'été. Pour les conserver toute l'année, on en fait des saumures, épluchés et confits tout entiers par douzaines. Les ouvrages culinaires du XVIIIe siècle distinguent bien les « oignons » des « petits oignons ». Pour la recette de l'étuvée de carpe, le maître d'hôtel Marin François recommande dans *Les Dons de Comus* (1758) : « Mettez dans le fond de la casserole quelques oignons coupés en tranches. Arrangez votre carpe dessus ; mettez-y de petits oignons blancs bien blanchis et presque cuits. »

Ce n'est qu'à partir du milieu du XIXe siècle que les petits oignons sortent des cuisines et qu'un travail bien exécuté peut se targuer d'être *aux petits oignons*. De même *soigner quelqu'un aux petits oignons* (on dit aussi *accommoder* ou *assaisonner*) s'emploie dans le sens de « traiter quelqu'un de manière exceptionnelle » - en bien ou en mal, car on saura bientôt relever l'expression du sel de l'ironie : « Voilà alors que ma sacrée gouine saute aux yeux de sa bourgeoise, et qu'elle la graffigne, et qu'elle la déplume, Oh ! mais aux petits oignons ! Il a fallu que le charcutier la lui retirât des pattes. » (Émile Zola, *L'Assommoir*, 1877.)

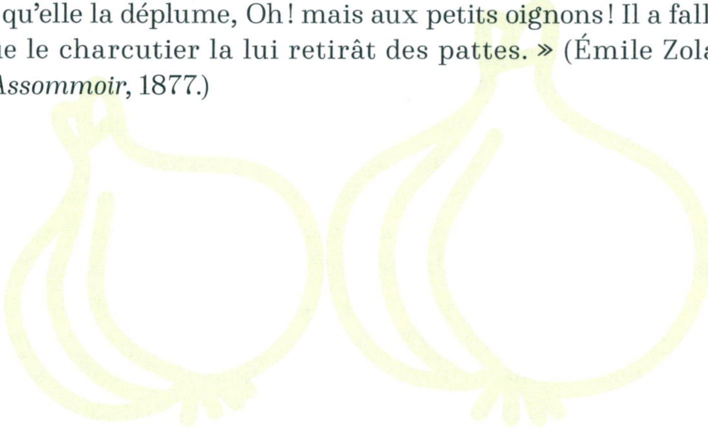

S'OCCUPER DE SES OIGNONS

se mêler de ses affaires

Les précieuses du XVIIe siècle l'appellent « le rusé inférieur ». Quand il s'agit de désigner notre postérieur on tourne autour du pot par maintes périphrases et métaphores – le *pot* lui-même en fait partie, avec *panier, noix, trèfle, miches, meule, baril de moutarde, garde-manger, arrière-boutique, baba, pastèque* et… *oignon*. Pour ne citer que le vocable culinaire, car la liste est infinie.

Plus précisément, *oignon* est un doux nom argotique de l'« anus » depuis la fin du XIXe siècle. On parle d'ailleurs d'*avoir de l'oignon* comme on dirait aujourd'hui *avoir de la chance, du pot, du cul*. On dit aussi l'*avoir dans l'oignon* à partir des années 1970, pour « se faire avoir, subir un échec ». Ce sont ces oignons-là auxquels on pense quand on dit *c'est pas tes oignons*, depuis le tournant du XXe siècle, ou *mêle-toi de tes oignons* après-guerre. « Oh ! je sais. Je me fais mettre. Ça petit, c'est mes oignons, mon oignon pour être plus précis. » (Georges Arnaud, *Le Salaire de la peur*, 1950.)

Malgré la vraisemblance de la métaphore du derrière, il faut reconnaître que le lien n'est pas si évident entre *occupe-toi de tes oignons* et *occupe-toi de tes affaires* et que diverses explications sont proposées. L'oignon fait tellement partie du quotidien du petit peuple que cela laisse ouvertes diverses possibilités. Songeons que l'oignon est une base de l'alimentation au début du XXe siècle, et parfois l'un des seuls apports en vitamines. Dans les campagnes pauvres, on voit des écoliers partir sur le chemin de l'école avec leur déjeuner à la main : un simple oignon.

APPORTER DES ORANGES À QUELQU'UN

rendre visite à un prisonnier, un malade

Sous la IIIe République, les étudiants de l'École des beaux-arts de Paris organisent chaque année un grand bal. Pas un bal d'apparat en frac et crinoline, non. Le mythique bal des Quat'z'Arts est une folie d'artistes, une grande fête païenne où l'esprit carnavalesque se mêle d'humour potache ; on s'habille en empereur en tapant sur des tambours, on s'amuse à provoquer à l'abri de la censure. La première édition a lieu en 1892. Des modèles de peintre sont engagées pour bricoler un tableau vivant, costumées en Cléopâtre et ses suivantes – le sein découvert. La joyeuse compagnie défile sur des chars dans les rues. Paris se choque, Paris s'émeut et l'on saisit le juge René Bérenger, de son surnom le « père la pudeur », président de la Ligue pour le redressement de la moralité publique. Cléopâtre et ses trois soubrettes finissent en prison. Des manifestations secouent alors le Quartier latin et la répression policière occasionne la mort d'un étudiant. Cela tourne à l'émeute durant plusieurs jours. Le poète Raoul Ponchon trousse quelques vers en hommage à Sarah Brown, la reine d'Égypte emprisonnée :

> « Ô ! Sarah Brown ! Si l'on t'emprisonne, pauvre ange,
> Le dimanche, j'irai t'apporter des oranges. »

La légende dit que l'expression *apporter des oranges* prendrait sa source dans ces vers, toutefois d'autres explications sont possibles. Les oranges sont coûteuses à cette époque, mais on sait déjà qu'elles aident à lutter contre le scorbut, une maladie répandue dans les navires et les prisons.
Que croire ? Si l'on aime les histoires on préférera, plutôt que d'apporter des oranges aux prisonniers, en tendre des corbeilles aux Femen.

FAUT PAS POUSSER MÉMÉ DANS LES ORTIES

il ne faut pas exagérer

La scène a tout le sadisme d'un rêve inavoué - mémé serait-elle une belle-mère ? Après tout *mémé* est une déformation de *mémère* - mère.

C'est en effet la présence de l'aïeule qui est la plus mystérieuse dans cet adage déclinant *faut pas pousser*, durant la seconde moitié du XXe siècle. Une abréviation de *pousser le bouchon un peu loin* (« exagérer »), expression du XIXe siècle qui ne relève pas d'un problème de bouteille à déboucher mais d'un jeu. Il s'agirait soit du jeu de boules (le « cochonnet » s'appelle aussi « bouchon ») soit d'un passe-temps consistant à abattre des bouchons de liège surmontés de pièces de monnaie.

Quant aux orties, elles pourraient provenir d'une tournure très ancienne. Au XVIe siècle, on dit *jeter le froc aux orties*

(« renoncer à une entreprise »), sur l'image d'un moine qui s'enfuit du monastère sans prendre congé, pour courir vers ses amours. En sautant par la fenêtre, l'apostat abandonne son habit dans les orties qui abondent ordinairement le long des murs. Si l'on en croit cette définition, *pousser mémé dans les orties* revient à défenestrer la grand-mère. C'est mal. Une autre raison de ne pas le faire est avancée par Annie Cordy dans une chanson (1965) : « Faut pas pousser grand-mère dans les orties, car les orties, ça gratte mais c'est bon. »

STÉPHANE MARIE RAMÈNE SA FRAISE

Faut pas pousser mémé dans les orties. Non. Cela ne serait vraiment pas convenable. Bien que depuis l'Antiquité cette plante, la grande ortie, soit reconnue pour une foule de vertus. D'ailleurs les légionnaires romains stationnés dans les régions froides du nord de l'Empire se frictionnaient les jambes avec une poignée d'orties pour raviver leurs membres engourdis. Au Moyen Âge, une flagellation d'orties était recommandée sur les articulations douloureuses. Ceci grâce à l'acide formique qu'elles contiennent, responsable également de leur effet urticant. Allez au jardin et ramassez une brassée d'orties (avec des gants bien sûr !), préparez-les en potage. Vous obtiendrez un cocktail tonifiant, antirhumatisme, riche en vitamines A et C, en oligoéléments et en fer. Vous perdez vos cheveux ? Suivez les conseils de Maria Treben, mère de l'herboristerie moderne, qui préconisait un shampoing à base d'orties pour redonner de la vigueur au cuir chevelu. Alors oui, et pour son bien, poussons mémé dans les orties !

AVOIR DE L'

OSEILLE

être riche

Perette a de qui tenir, avec son pot au lait. Le paysan de naguère est décidément un doux rêveur car il voit dans son potager des lingots d'or à la place de ses légumes. Épinard, avoine, cresson, artiche (artichaut), chicon, radis, patate, blé et, enfin, oseille : tous font miroiter des écus dans nos orbites.

Pour l'oseille, cette réputation d'être juteuse demeure énigmatique. Voilà un légume tout simple, un prolo du potager qui pousse aussi bien dans les prés à brouter. Pourtant *vinette*, autre nom de l'oseille, est déjà synonyme d'*argent* au XVIIe siècle. Dans les années 1870 l'argot des voyous donne à l'« oseille » le statut d'« argent », et l'usage devient très courant après la Première Guerre mondiale. Cela pourrait être dû au fait qu'on la cueille aisément, comme le persil, dont le nom désigne aussi des « gains ». Notons en passant que malgré le genre féminin de l'*oseille*, quand elle désigne le fric on la traite souvent au masculin.

Une autre piste dans la quête de l'oseille est celle qui tombe sur un *os* ; le mot *os* est en effet synonyme d'*argent* au XIXe siècle et *oseille* pourrait y faire allusion. On parle d'*avoir de l'os* en évoquant peut-être un chien qui possède un précieux os à ronger. Mais ce ne sont là que des voies possibles et les linguistes se sont mis dans le bourbier en cherchant l'oseille. Il y en a quand même un qui en a trouvé, de l'oseille, c'est le rappeur Booba ; il énonce finalement la question qu'on se pose tous, la seule question qui vaille (*Kalash*, 2012) :

> « Ma question préférée : qu'est-ce j'vais faire
> de tout cet oseille ? »

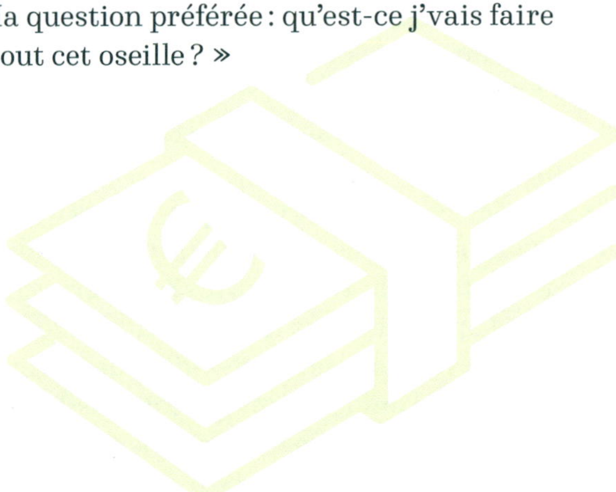

AU RAS DES PÂQUERETTES

sans prendre de hauteur, terre à terre

« Les deux caractéristiques essentielles de l'Anglais sont l'humour et le gazon. L'Anglais tond toujours son gazon très court, ce qui permet à son humour de voler au ras des pâquerettes. » L'histoire ne dit pas ce que les Anglais ont fait à Pierre Desproges pour mériter cela, on s'arrêtera seulement sur son intuition étymologique qui est la bonne.

Avec *le ras des pâquerettes*, c'est bien une affaire de vol, c'est un oiseau qui vole bas. Est-ce l'hirondelle en quête de moustiques, habituée à faire du rase-mottes ? Ce serait plutôt le faucon chassant la perdrix sous le regard du fauconnier qui *sait du bas voler* au XIIIe siècle, c'est-à-dire qui est rusé. La connotation évolue et l'on dit au XVIe siècle *ras terre* puis *à ras terre* vers 1750, qui possède déjà le sens figuré péjoratif de « terre à terre ». De cette idée d'un oiseau qui fuse à la barbe des nains de jardin on arrive aux années 1970 à qualifier *au ras des pâquerettes* une campagne politique qui ne vole pas haut. La courte pâquerette qui tient son nom des fêtes de Pâques – moment où elle a ses habitudes sur nos gazons entre les lapins en chocolat et les œufs peints – ne se tire pas vers le haut comme sa cousine la marguerite, préférant *le plancher des vaches*.

STÉPHANE MARIE RAMÈNE SA FRAISE

Si petite, si charmante! Baissons-nous humblement pour admirer au plus près *Bellis perennis*. *Bellis* du latin *bella*, soit « jolie », *perennis* signifiant « pérenne », pour dire de cette plante vivace qu'elle fleurit quasi continuellement. L'apogée de sa floraison se produit à Pâques, d'où son surnom. Au XVIe siècle, le célèbre médecin botaniste Pietro Mattioli la conseille pour soigner, entre autres, les écrouelles, les plaies sur la poitrine, la sciatique et la paralysie. Il recommande de mâcher ses feuilles en cas de « pustules écorchées de la bouche et de la langue ». Pilées, elles viendraient à bout d'inflammations génitales. Oubliée par la médecine moderne au XIXe siècle, la pâquerette revient aujourd'hui en homéopathie, sous forme de granules aux propriétés anti-inflammatoires, antalgiques et pour leurs effets dans toutes sortes de traumatismes.

La modeste pâquerette nous en met plein les mirettes quand ses fleurs blanchissent nos prairies.

EN AVOIR GROS SUR LA PATATE

être chagriné, avoir beaucoup de dépit, de rancune

Ni Parmentier ni les Incas n'y sont pour rien, c'est une histoire de cœur qui fait que la pomme de terre *en a gros sur la patate*. Elle a du vague à l'âme parce qu'elle *en a gros sur le cœur*. Ce n'est pas de sa faute si l'organe qui pompe notre sève vitale ressemble à une vulgaire pomme de terre. Encore plus vulgaire si on l'appelle « patate », qui est le surnom familier du tubercule depuis la fin du XVIIIe siècle.

La pomme de terre, originaire du Pérou, entre sous ce surnom dans les expressions idiomatiques lorsqu'elle débarque en masse sur nos tables, au milieu du XIXe siècle – elle est connue depuis le XVIe siècle mais souffre d'une obscure renommée : peu nutritive, toxique, vecteur de la lèpre, on la sert au bétail et aux prisonniers. La *patate* fait désormais partie de notre

quotidien et devient un synonyme familier d'un *nez épaté* (1866) puis du *cœur* en 1912 dans l'expression *en avoir gros sur la patate*. Ce sont étonnamment les progrès de l'anatomie et surtout de la cardiologie qui expliquent notre conception du cœur comme siège des sentiments et de l'émotivité depuis le XVIIIe siècle. Le cœur est auparavant lié à la digestion (d'où *mal au cœur* au XIIIe siècle), à la mémoire, à la volonté (*de tout cœur* au XIVe siècle), au courage, à la moralité.
Quelle qu'elle soit, notre chère patate est parfois à ramasser à la petite cuiller. Patates, haut les cœurs ! Il n'est pas bon d'avoir le moral à zéro pour une pomme de terre car elle n'aime pas les gelées – on la plante d'ailleurs au début du printemps, quand les amours refleurissent.

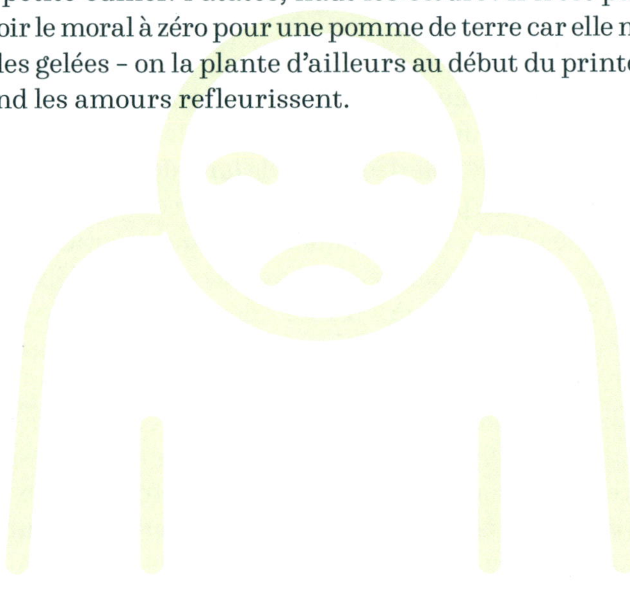

COMME UNE

PATATE

très mal ; niais, stupide

Dans son roman noir *La Belle de Fontenay* (1992), Jean-Bernard Pouy chante une ode à la patate. « Ça me donnait envie de déconner, de faire des phrases idiotes et de l'humour un peu nul, du genre, à force de se comporter comme une patate, on ne fréquente pas que le gratin. » Malgré ce type d'initiative, on s'évertue encore à dénigrer la patate. Un empoté est une « patate » depuis la fin du XIXe siècle et se conduit *comme une patate*. C'est surtout en appellatif qu'on l'aime, comme la joviale mère supérieure depuis sa deux-chevaux endiablée dans *Le Gendarme et les gendarmettes* (1982) : « Va donc, eh patate ! » Cette aménité spécialisée dans le contexte routier est abrégée de « va donc ton chemin ». Au début du XXe siècle, *patate* est aussi un sobriquet injurieux désignant les paysans.

Pourtant, le mot a des origines exotiques qui nous arrachent de nos jardins à pot-au-feu. Vers 1525, sur l'île de Haïti, les discussions commerciales entre les indigènes et les marins engendrent un nouveau mot : *battate*, imité de l'espagnol et d'après *batata* en langue locale arawak, qui deviendra *pattate* quelques décennies plus tard. Il renvoie à ce qu'on appelle désormais « patate douce » en français d'Europe et d'Amérique. Ce sont les Canadiens qui en premier utilisent *patate* familièrement pour « pomme de terre » dès 1765, sous l'influence de la *potato* anglaise qui s'est imposée en même temps que leur gouvernance sur une partie de leur territoire. Le mot parvient rapidement en France métropolitaine en colonisant peu à peu le pays d'ouest en est. La patate roule sa bosse.

(SE) REFILER LA PATATE CHAUDE

se débarrasser sur quelqu'un d'une affaire désagréable

Avec la pomme de terre, tous les sillons mènent à l'Amérique. Si le tubercule vient du Pérou et son surnom *patate* naît en Haïti, *la patate chaude* germe au Québec - où l'on subtilise à la fin du XXe siècle l'expression anglophone datant du début du XIXe siècle *to drop like a hot potato* (*laisser tomber comme une patate chaude*), qui signifie « se débarrasser hâtivement de quelqu'un ou quelque chose ». *Hot potato*, la *patate chaude*, c'est un sujet brûlant, une affaire délicate dont on préfère refiler la gestion à quelqu'un d'autre.
L'image est simple : elle vient du fait que la pomme de terre, chargée d'eau et dotée d'une peau très fine, reste bouillante au sortir de la cocotte, et ne peut être saisie à main nue.

C'est d'ailleurs une balle qu'on se lance de main en main dans le jeu de cour de récréation de la patate chaude, qui devient un projectile imaginaire dans un exercice de base pour acteurs de théâtre. Enfin, que les patates chaudes se consolent, nous savons aussi voir leur bon côté, surtout lorsqu'elles sont frites entre 140 et 180 degrés.

STÉPHANE MARIE RAMÈNE SA FRAISE

Loin de nous refiler des choses embarrassantes, nous, jardiniers, aimons partager et échanger toutes sortes de graines au nom de la biodiversité dans nos jardins. Ces dernières décennies, les catalogues de graines ont fondu comme peau de chagrin et les variétés détenues par l'industrie semencière ont été formatées pour la culture intensive. C'est le cas des haricots verts dont les plans nains sont adaptés à la cueillette mécanisée. Adieu donc nos haricots « Petit Prudent » et « Petit Brisset » ou encore nos petits pois « Téléphone » à rames et tant de variétés grimpantes idéales pour les petits jardins !

Mais le jardinier aime partager, pour le plaisir mais aussi pour perpétuer les variétés. L'un de mes amis m'a ainsi « confié » des haricots de Lima, des pois secs aux gros grains, tantôt blancs, tantôt roses, marbrés de pourpre. Un délice ! Une fois mis en culture, je les conduis sur des rames de trois mètres de haut. J'en récolte suffisamment pour passer l'hiver et aussi pour refiler ces haricots chéris à mes amis.

AVOIR LA PÊCHE

LA BANANE, LA PATATE

être en pleine forme, plein d'entrain

Un coup de poing dans la figure, ça ravigote ! Rien de mieux au réveil qu'une pêche en pleine poire suivie d'un bon café pour partir du bon pied. Ou encore une patate, pour les amateurs de petit-déjeuner salé.
Une hygiène de vie spartiate que défend notre saine langue française dans les expressions *avoir la patate* et *avoir la pêche*, qui pourraient provenir de l'univers des sports de combat. Une *patate* désigne un « coup de poing puissant et appuyé » dès la toute fin du XIXe siècle, et la *pêche*, à la même époque, est un coup simple, une gifle. Au milieu du XXe siècle un boxeur estime *avoir de la pêche* ou *avoir de la patate* quand ses coups se montrent vigoureux et efficaces. « Claude ira

peut-être plus loin que Ray. Tout à fait entre nous, je crois qu'il a plus de patate. Tu as vu comment il l'a déséquilibré de son gauche ? » (Jean-Pierre Chabrol, *Le Bout-Galeux*, 1955.) Dès 1930, une *frite* désigne familièrement un « coup sec de l'index sur une partie sensible du corps » et l'on parle d'*avoir la frite* à partir des années 1960, en même temps que d'« avoir la pêche » qui précède *avoir la patate* dans les années 1970-1980. Du physique au mental, les expressions ne tardent pas à adopter une valeur plus générale de bonne humeur.
Quant à l'expression *avoir la banane*, « être enjoué », c'est une autre histoire. Il pourrait s'agir d'un souvenir du « sourire banania », collé sur le visage du tirailleur sénégalais de la marque de chocolat en poudre Banania au début du XXe siècle. Cela vous fiche un coup de mou ? Vous prendrez bien une petite châtaigne ?

MANGER LES PISSENLITS PAR LA RACINE

être mort et enterré

On peut être mort, et on peut être vraiment très mort. Si vous *mangez les pissenlits par la racine*, c'est plutôt le deuxième cas. Nul espoir d'une erreur de diagnostic, le cadavre est déjà au fond du trou dans un costume de sapin. Le défunt tourné face vers le ciel aura tout loisir de faire ses choux gras de racines de fleurettes qui poussent sur son tombeau. Pourquoi serait-il spécialement friand de pissenlits ?

Les hommes du XVe siècle ont donné à la fleur un nom rigolo, à lire en réalité « pisse au lit » à cause de ses vertus diurétiques, mais cela n'a peut-être pas joué de rôle – même si l'on dit *pisser sur la fosse de quelqu'un* pour « lui survivre ». Les pissenlits apprécient la terre fraîchement retournée et s'épanouissent dans les cimetières. Une explication parmi d'autres. C'est en tout cas dans les années 1860 que l'expression fleurit en argot, juste avant *manger les fraises par la racine* et *manger les salades par le trognon*. Victor Hugo la place dans la bouche des enfants des rues de la capitale, vivier de culture pop : « Le gamin de Paris, c'est le nain de la géante. [...] Il a ses jeux à lui, ses malices à lui dont la haine des bourgeois fait le fond ; ses métaphores à lui ; être mort, cela s'appelle manger des pissenlits par la racine. » (*Les Misérables*, 1862.)

STÉPHANE MARIE RAMÈNE SA FRAISE

Comme la carotte ou le salsifis, le pissenlit possède une racine pivotante qui s'enfonce profondément dans le sol pour faire le plein de nutriments. Le cauchemar du jardinier qui, pour éliminer les pissenlits de sa pelouse, doit utiliser une gouge afin de couper la racine bien en dessous de la rosette de feuilles. Seule méthode pour espérer affaiblir suffisamment la plante et éviter qu'elle ne réapparaisse. Surtout ne jetez pas les racines ! Elles recèlent de trésors pour la santé. Torréfiées, elles ont fait office de succédané du café quand ce dernier venait à manquer. Rôties, elles perdent leur amertume et se croquent à l'apéritif ; infusées, elles donnent une tisane coupe-faim. L'inuline qu'elles contiennent favorise la digestion. Alors, mangez les racines des pissenlits pour éviter de manger les pissenlits par la racine !

MARCHER SUR LES PLATES-BANDES DE QUELQU'UN

empiéter sur le domaine de quelqu'un

« Pelouse interdite » : autrement dit, ne marchez pas sur les plates-bandes du jardinier municipal.

C'est au XIXe siècle que les *plates-bandes* prennent l'aspect qu'on leur connaît sous l'influence de l'art anglais du jardinage (lui-même inspiré par le goût oriental). On quadrille la nature de formes géométriques qui délimitent une plantation homogène. On ne mélange pas les iris et les laitues. Dans son domaine de Giverny, Claude Monet pense le paysage comme un tableau, conçoit des plates-bandes monochromes, comme des aplats de peinture. Et devant ses toiles, on ressent une

impression de nature foisonnante… alors qu'elles immortalisent une composition tout artificielle. Autour des bassins aux nymphéas, ce sont des champs de blé.
La plate-bande représente un territoire bien défini et *piétiner une plate-bande*, c'est franchir le Rubicon, mettre le pied au-delà de la frontière. « Il n'y a pas de non ! Ah ! Vous marchez sur mes plates-bandes, vous ! Ah ! Vous me prenez ma maîtresse ! Eh bien, vous m'en rendrez raison ! » Gigolet fulmine contre son ami Paturon dans la comédie *C'est une femme du monde* (1890) de Feydeau.
C'est en effet en cette fin de XIXe siècle que l'expression affleure, derrière une version plus rare, *marcher dans les plates-bandes*, qui signifie « faire quelque chose d'interdit ».
« Marié ! J'aurai une petite femme à moi tout seul ! et je pourrai l'embrasser sans que le porc-épic que vous savez me crie : "Monsieur, on ne marche pas dans les plates-bandes !" » (Eugène Labiche, *Un chapeau de paille d'Italie*, 1851.)

COUPER LA POIRE EN DEUX

transiger, faire un compromis ; partager équitablement

« Mon fromage ! … ou mes douze francs !
- Tope ! Je prends les douze francs à mon compte.
- […] J'en veux pas, de c't'argent… […]
- À la bonne heure ! Coupons la poire en deux, en ce cas.
- Coupons-la. »

Georges Courteline, *Les Gaîtés de l'escadron*, 1895.

Madame Bijou négocie avec le Capitaine Hurluret pour se faire rembourser un fromage de tête dérobé par ses ouailles. Ainsi, dans une tractation financière, on *coupe la poire en deux* depuis la fin du XIXe siècle, mais dès les années 1860 on prend familièrement l'habitude de *partager la poire en deux* : « dans une discussion sur une affaire d'intérêt, on partage la somme par moitié » (Littré, 1863). L'expression naît pour parler d'argent mais un autre sens ne va pas tarder à faire son apparition, celui d'« adopter un compromis qui va ménager deux positions opposées ». En 1882 on joue une saynète de Messieurs Galipaux et Cressonois intitulée *La Poire en deux!* mettant en scène deux écrivains se chamaillant pour monter sur scène en premier.

> « Tenez, je ne suis pas méchant homme : coupons la poire en deux.
> - En deux quoi ?
> - En deux parts. (*à part*) Il est naïf. (*haut*) Vous direz quatre vers de votre petite histoire. Quatre vers de mon poème. Je commence.
> - Allons, soit ! j'accepte. »

La métaphore du partage est sans mystère mais une question demeure : pourquoi la poire ? Elle semble être pour nos ancêtres le parangon de l'excellence fruitière. Au XVIIe siècle on *ne promet pas poires molles* pour proférer une menace (ironiquement, on ne promet pas monts et merveilles). Une poire mûre est un trésor rare, il en coûte de la couper en deux !

ENTRE LA POIRE ET LE FROMAGE

à la fin du repas, quand on a consommé de l'alcool et qu'on parle plus librement

Tenez, mettons les pieds sous la table d'un banquet du XIIIe siècle et jetons un œil au menu. Un *avant servic*e a le rôle d'« ouvrir » l'estomac avec des mets acidulés comme des fruits secs accompagnés de bouchées au lard, de vin doux aux herbes et aux épices. L'estomac ouvert peut ingurgiter les soupes puis les *potages*, c'est-à-dire les viandes cuites en sauce dans un pot. Arrive le plat principal, qui se veut spectaculaire et original : le *rôt*, ou viande rôtie à la broche - sanglier, faisan, chevreuil ou, pour les fastes occasions, paon, héron, cygne, cormoran. Entrent alors troubadours et acrobates pour ébaudir les convives, en même temps que les

« entremets », des plats sophistiqués. Enfin, c'est l'heure de la *desserte*, qui remplit la fonction de « refermer » l'estomac afin que les vapeurs ne remontent pas au cerveau : ce sont des aliments considérés comme astringents, coings ou poires, fromages vieux. On considère qu'ils pressent la nourriture vers le fond de la panse. Mais ce n'est pas terminé, il y a encore l'*issue*, ou le *boute-hors* : du vin et des friandises qu'on déguste tout en regagnant sa chambre.
La structure du repas se maintient avec une certaine régularité et prend le nom de « service à la française » au XVIIe siècle, époque où apparaît l'expression *entre la poire et le fromage*. C'est en effet à la fin des agapes qu'on boit du vin et que les langues se délient. Un moment proverbial dès le Moyen Âge :

> « Oncque [jamais] Dieu ne fist tel mariage
> Comme de poires et de fromage. »

La rime *mariage / fromage* est osée, mais on ne juge pas les morts, surtout quand ils se sont soûlé la poire.

ÊTRE UNE BONNE POIRE

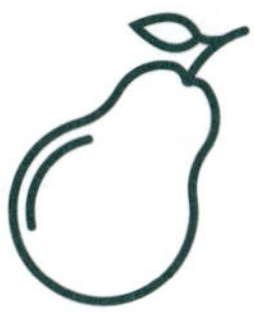

personne qui se laisse berner par bonté d'âme
(voir *Prendre pour une poire*)

Le patron des bonnes poires est une tête couronnée et son règne s'étend de 1830 à 1848 : c'est « cette *bonne poire* de Louis-Philippe », notre dernier roi.
Toute une histoire… qui commence au début du XIXe siècle avec l'essor de la phrénologie, théorie médicale déterminant la personnalité à l'aune de la forme du crâne. On est intelligent à cause d'un front haut, imbécile pour le front bas. Tout le monde se met à se tâter le crâne, en quête de creux et de bosses. Le crâne pointu de Louis-Philippe attise les plaisanteries, qui culminent en 1831 avec un dessin de Charles Philipon dans le journal *La Caricature* : quatre planches représentant la tête du roi qui se métamorphose peu à peu en poire. Le motif est

repris par les caricaturistes, dont Daumier, mais en réalité la métaphore de la poire était déjà courante avant cela.
Souvenons-nous que si le XVIIIe siècle moque la haute bourgeoisie, le XIXe siècle raille plutôt l'épicier et son appétence au gain, représentant du nouvel ordre mercantile. La tête étroite et la silhouette ventrue, sa conduite cynique est dictée par le gras du bide. Avec les caricatures, le profil piriforme devient le symbole d'un régime de l'entre-deux, considéré comme mou et indécis. Philipon constate que le « pépin qui a été semé a poussé dru » : la poire fait l'objet de toutes les boutades, devient un article séditieux et un modèle de graffiti.
Au milieu du XIXe siècle on parle de *faire sa poire* dans le sens de « faire la moue », puis « faire le délicat ». C'est seulement à la fin du siècle qu'une *bonne poire* devient un gentil benêt qui se fait avoir.

PRENDRE POUR UNE POIRE

traiter quelqu'un comme s'il était naïf, trop bon pour se défendre (voir *Être une bonne poire*)

« JULIE SAVON, *très vulgaire, parce que amoureuse* - Ah ! ben c'est peut-être à cause de mon costume que tu veux me monter un Watteau ; mais ça ne coupe pas... Avec personne ! Mais tu me prends pour une poire !
BRUTELLE, bourru - Je ne te prends pour rien.
JULIE SAVON - Oui, tu me laisses, c'est entendu. Mais tout de même, je ne l'avale pas, ton boniment... »

Magazine *La Vie parisienne*, 11 avril 1896.

L'expression *prendre pour une poire*, très familière de prime abord, naît en même temps qu'*être une bonne poire* à la fin du XIXe siècle, et renvoie de même à une personne crédule par bonté d'âme. On se paye la pomme des bonnes poires pour de nombreuses raisons, mais l'image reste celle d'un fruit mûr, mou, sans résistance au toucher et à la fois bon à manger, doux et suave. La métaphore est présente dans de nombreux proverbes, par exemple *quand la poire est mûre, il faut qu'elle tombe ; il faut attendre à cueillir la poire qu'elle soit mûre.* Étant une expression mi-figue mi-raisin, se jouant d'un doux défaut, c'est finalement contre soi-même que s'utilise souvent *prendre pour une poire* – espère-t-on malgré tout rester dans le haut du panier ? « Pochetée ! Tiens, tu me ressembles, tu es aussi poire que moi », soupire Lizzie dans la pièce *La Putain respectueuse* (Jean-Paul Sartre, 1947).

STÉPHANE MARIE RAMÈNE SA FRAISE

J'ai en tête la publicité pour la Renault 14, qui, afin d'en vanter les qualités aérodynamiques, comparait son design avec la forme d'une poire. Une image suivie d'un fiasco commercial, les potentiels acheteurs ne voulant pas être eux-mêmes pris pour des poires. À l'état naturel, le poirier porte des fruits minuscules, au goût infect. Deux mille ans de persévérance ont été nécessaires avant d'obtenir l'une des plus belles transformations de plante sauvage. Cent cinquante ans avant notre ère, Caton l'Ancien est le premier à mentionner l'existence d'une demi-douzaine de variétés. Puis, durant l'Empire romain, Pline en recense plus d'une quarantaine. Sous le règne de Louis XIV, qui en raffole, Arnaud d'Andilly en cultive trois cents variétés dans son verger de Port-Royal des Champs. Aujourd'hui, quelque deux mille variétés sont proposées : des poires à manger crues, des poires à cuire, des poires pour la fermentation à l'origine d'alcools et du poiré.

Une belle réussite malgré une expression peu glorieuse !

PRENDRE EN PLEINE POIRE

recevoir en pleine figure
(voir *Être une bonne poire*)

« Il a pris un obus en pleine poire, mon vieux, et puis pas un petit, à Garance que ça s'appelait… dans la Meuse sur le bord d'une rivière… On en a pas retrouvé "ça" du gars, mon vieux ! » (Louis-Ferdinand Céline, *Voyage au bout de la nuit*, 1932.)

L'abomination de la scène se trouve rehaussée par contraste avec la bonhomie sympathique qu'évoque *poire*, un synonyme familier de *face*, *figure* depuis la seconde moitié du XIXe siècle. Son étymologie n'est pas en cause, puisque le mot vient du latin populaire *pira* qui signifie simplement « poire ». Après l'affaire des caricatures de Louis-Philippe, qui a pu favoriser le succès de la métaphore sans en être la source, la poire est communément associée à la tête du roi et en général à toutes les têtes, bonnes ou mauvaises.

On emploie *faire sa poire* au milieu du XIXe siècle, qui se réfère d'abord à une moue dédaigneuse, puis à la mauvaise humeur. « Lui, avait assez de Diane ; elle faisait trop sa poire », lit-on dans *Nana* (Émile Zola, 1880). À la fin du siècle on entend dire « dans la poire », « en pleine poire » et « se sucer la poire » (« s'embrasser longuement »).

Un verbe argotique pousse aussi dans ce verger : *poirer*, qui signifie « arrêter, surprendre, appréhender » au début du XXe siècle. On peut dire dans les tranchées qu'on a « poiré des Boches ». Influencé par l'expression *recevoir en pleine poire*, le verbe *poirer* prend également le sens de « subir » : « Il pouvait pas me blairer non plus. On aurait voulu le poirer nous en train de se farcir la patronne. » (Louis-Ferdinand Céline, *Mort à crédit*, 1936.)

GARDER UNE POIRE POUR LA SOIF

conserver quelque chose en cas de besoin ; épargner

Au risque de décevoir, ce n'est pas une histoire de boit-sans-soif qui cache sous son lit un flacon d'eau-de-vie de poire en cas de gorge sèche. C'est tout bonnement le contraire : un conseil pratique d'athlète attentif à sa diète. La poire est réputée pour sa contenance en eau, elle offre un apport en liquide au marcheur qui s'apprête à faire un long voyage. Une poire dans la poche pour la soif, et ça repart ! Trouver un point d'eau n'est pas toujours si aisé et l'on fait bien de se montrer prévoyant.

On dit ainsi *garder une poire pour la soif* depuis le XVIIe siècle, avec d'emblée le sens figuré de « conserver un objet de valeur en cas de besoin » puis « épargner en prévision de temps difficiles ». Au mois de mai 1789, les dames de la Halle présentent aux États généraux un *Cahier des plaintes et doléances* : « Quoique je n'ayons pas étudié le latin, il nous semble à nous, sauf meilleur avis, qu'il seroit à propos de chiper au moins les trois quarts des grandes richesses des gros Bénéficiers, d'en mettre de côté une grande partie, pour se réserver une poire pour la soif. » Comme on ne leur a pas proposé de couper la poire en deux, les révolutionnaires ont tranché net la question.

La poire incarne donc l'archétype des fruits précieux, notamment parce que la saison de cueillette est longue, de juillet au début de l'hiver. Elle se garde d'ailleurs très bien au fond d'une bouteille, comme le remarque le journal satirique *Le Charivari* (1er juillet 1892) : « Carnet d'un philosophe. Il est difficile de se garder une poire pour la soif ; mais il est plus difficile, en vieillissant, de se garder une soif pour la poire. »

FAIRE LE

POIREAU

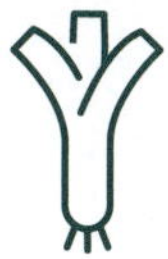

attendre longtemps debout

On se dit qu'on ne va pas attendre cent sept ans, eh bien cela fait cent cinquante ans qu'on *fait le poireau*. Et l'on va continuer longtemps si l'on attend une réponse à la question : pourquoi diable est-ce qu'on *poireaute* ? Certains pensent que les dociles poireaux, plantés sur leur sillon tout l'hiver, droits comme la justice, suffisent à expliquer qu'on *plante son poireau* puis qu'on *fasse le poireau* à partir des années 1870, peu avant qu'on *poireaute*. D'ailleurs, on parle aussi de *piquer son poireau*, *rester planté comme un poireau* avec le même sens. D'autres chercheurs prétendent qu'il s'agit d'une allusion cocasse aux surveillants qu'on appelle « poireaux » en argot ancien (par allusion à la verrue poilue et non au légume). Mais *poireau* devient aussi le surnom d'un « sergent de ville stationnant sur la voie publique » dans les années 1870, et c'est une autre possibilité de rapprochement. Il y a encore le *planton* (« jeune plante ») qui désigne depuis le XVIIIe siècle une « sentinelle fixe », par exemple à l'entrée d'un fort, et produit au XIXe siècle l'expression *faire le planton* ou bien *être de planton*, « attendre la venue de quelqu'un, debout, sans s'éloigner ».

STÉPHANE MARIE RAMÈNE SA FRAISE

Près de chez moi, le pays de Créances est réputé pour ses cultures de carottes et de poireaux. Les feuilles de ces derniers revêtent une couleur bleu métallique qui prend magnifiquement la lumière, surtout en hiver. J'adore me balader au milieu de ces champs qui, par moments, ressemblent à des étangs sur lesquels se refléterait un ciel plombé. Comme le poireau est originaire du pourtour méditerranéen, ce sont les variétés les plus rustiques, au beau feuillage bleuté, qui sont cultivées en Normandie; au Moyen Âge, la région devient championne de la culture du poireau. Très populaire, la soupe de « porée » y est même inventée. Afin de nourrir les familles, toujours très nombreuses, on a laissé les poireaux devenir de plus en plus gros et de plus en plus longs en blanchissant leur fût, ceci en ramenant de la terre sur leur pied. L'un des plus impressionnants est sans conteste le « Monstrueux de Carentan » qui peut dépasser le kilogramme.

Champion le poireau!

FAIRE LE

POIRIER

se dresser en équilibre sur les mains, les jambes verticales

« Celui qui seit les jambes contremont drecier,
Ki sor la halte table seit faire lo perier,
Ki les altres fait rire, qui bien seit rechinier,
Celui ouvre hom la porte, celui maintient om bien. »

Ce poème moral composé vers 1200 raconte comment savoir *faire lo perier* ouvre les portes des châteaux aux jongleurs, engagés pour divertir les convives à table, alors que les bons chrétiens devraient plutôt accueillir les mendiants. Le *perier* devient *poirier* au XVe siècle et l'expression *faire le poirier* traverse les âges jusqu'à nous sans changement. Si la métaphore de l'arbre est transparente pour désigner une acrobatie verticale, l'élection du poirier en particulier ne tombe pas sous le sens. Mais en songeant à l'expression synonyme *faire l'arbre fourchu*, également du XIIIe siècle, l'image s'éclaire. « A ceste heure fays bien à poinct l'arbre fourchu, les pieds à mont, la teste en bas », écrit Rabelais dans *Pantagruel* (1532). La figure de gymnastique en fourche pourrait, hypothèse parmi d'autres, être symbolisée par un arbre fruitier cultivé en espalier et taillé en palmette ; et justement, il s'agit d'un mode de culture fréquent pour les poiriers au Moyen Âge. Contre les murs ou sur des palissades en bois, le poirier est contraint de pousser en fourche, une technique à la fois esthétique et efficace.

STÉPHANE MARIE RAMÈNE SA FRAISE

Peu sportif, c'est la seule figure que je savais exécuter lors de ma scolarité. Sans comprendre pourquoi elle portait ce nom. Quand, un jour, j'ai vu dans un jardin un poirier conduit depuis plusieurs siècles contre le pignon de la maison. Son tronc se divisait en plusieurs branches charpentières, plaquées au mur, qui s'élevaient jusqu'au faîte du pignon. C'était bien la figure du poirier ! Certains sont devenus légendaires, comme « la grande palmette » du jardin du Luxembourg, un poirier planté en 1869 par Auguste Rivière, greffé en « Louise Bonne d'Avranches » et qui formait un quadrilatère de cinq mètres vingt de long pour cinq mètres de hauteur. Au bout de cinquante ans, il comptait dix-neuf branches charpentières et pouvait porter jusqu'à cent kilos de fruits. Abattu en 1978, seule sa charpente est encore visible. Aujourd'hui, le potager du château d'Acquigny dans l'Eure abrite un poirier palissé, planté vers 1750, qui compte encore trente branches charpentières.

La tête au sol, les jambes au ciel, méditons sur le temps long du poirier.

UNE PURÉE DE POIS

brouillard très épais

Lorsque le compositeur Joseph Haydn débarque à Londres en 1791, il s'émerveille d'un brouillard « si épais qu'on pourrait l'étaler sur une tartine ».
Les brumes surréalistes qui noient la capitale britannique depuis l'ère élisabéthaine jusqu'aux années 1960 sont demeurées mythiques dans la culture anglaise. Les fumées de charbon de bois et de charbon de mer, issues du chauffage domestique comme des industries, se mêlent au brouillard naturel de la vallée de la Tamise et forment un nuage chargé d'eau, de suie et de particules soufrées à la texture jaunâtre impénétrable. On a littéralement l'impression de manger le brouillard. On crache de la suie en toussant. Durant l'épisode du « grand smog » de décembre 1952, qui cause 12 000 morts et 100 000 situations de détresse respiratoire, la nuée entre dans les bâtiments. On doit interrompre une représentation de *La Traviata* parce que l'on ne distingue plus la scène.

Le phénomène marque un pic à la fin du XIXe siècle, époque où l'on traduit par *purée de pois* ce que les Londoniens nomment depuis les années 1850 *pea soup* ou *pea-souper* (« soupe aux pois ») ; la brume est devenue proverbiale et les voyageurs étrangers espèrent ne pas la rater. Les pois en question sont des pois cassés avec lesquels on fait une soupe brun-jaune, le repas de base de la classe ouvrière londonienne.

STÉPHANE MARIE RAMÈNE SA FRAISE

Quand j'étais enfant, ma mère, au demeurant excellente cuisinière, a préparé une purée de pois cassés. Dans une famille abonnée aux pommes de terre, c'était une étrange nouveauté qu'elle n'avait pas bien maîtrisée. Véritable étouffe-chrétien, j'ai détesté cette purée d'autant que les peaux des pois restaient collées dans le fond de la gorge. Plus tard, j'ai découvert les mezzés et, en particulier, le houmous. Une autre purée de pois qui est devenue l'une de mes recettes favorites. Comme ceux pour qui la mayonnaise n'existe qu'en tube, je ne me suis jamais risqué à le préparer moi-même. Mais un soir, un ami qui préparait l'apéritif m'a initié : pois chiches, ail, jus de citron, tahin, huile d'olive, le tout passé au mixer avec le jus de cuisson des pois pour obtenir l'onctuosité idéale. Un jeu d'enfant. Depuis j'ai expérimenté d'autres houmous dont mon préféré est à base de pois Soissons. Un délice ! Diverses et variées, telles sont les purées de pois.

AVOIR UN POIS CHICHE DANS LA TÊTE

être complètement stupide

Bien que le nom de Cicéron - *Cicero* en latin - signifie « pois chiche », il ne serait point carré de dire que son encéphale ne tourne pas rond. Une verrue sur le nez de son ancêtre pourrait être la cause de ce patronyme et nullement la taille de son cerveau que personne ne met en doute.

De toute façon, la théorie à l'origine de l'idée que la taille de la cervelle est liée à l'intelligence verra le jour bien plus tard, sortie de la tête du Dr Gall autour de 1800. La phrénologie connaît ses heures de gloire dans les années 1830 sous le règne des médecins aliénistes (psychiatres) et marque un déclin à partir des années 1840, quand on prouve que les crânes d'idiots ne présentent pas de réduction frontale. Bien que scientifiquement obsolète et largement abandonnée, la théorie

P

continue de faire des émules parmi les autodidactes, astrologues, médiums et le grand public. « L'organisation du cerveau incomplète ou défectueuse entraîne l'imperfection des qualités morales et intellectuelles. Les imbéciles ou idiots de naissance ont le cerveau infiniment plus petit que les hommes ordinaires. Lorsque la défectuosité est moins marquée, l'imbécillité est moins complète dans les mêmes proportions. » (Dr Fossati, *Manuel pratique de phrénologie*, 1845.)
Ceux qui possèdent une cervelle de la taille d'un pois chiche n'auront donc pas l'occasion de prendre le melon. Mais l'expression *avoir un pois chiche dans la tête* ne remonte pas à cette époque ; elle n'en est que le lointain rejeton, né vers les années 1970. La légumineuse peut se voir remplacer par *un petit pois*, qui est aussi proverbialement petit, comme le sait la *Princesse au petit pois*.

POIVROT

POIVROTE

ivrogne

De l'Antiquité au Moyen Âge, le poivre vaut son poids en or ; il peut servir à payer ses dettes, une taxe, une rançon. Cette épice venue d'Inde et d'Asie est si précieuse qu'elle concourt à motiver les Portugais à partir en quête d'une route vers l'Inde qui court-circuite Venise, ce qu'accomplit Vasco de Gama en 1498. Avec les comptoirs portugais puis néerlandais, le prix du poivre baisse mais on continue d'employer *cher comme poivre* et mille autres expressions où son nom seul fait figure de piquant superlatif.
Le *poivre* désigne en argot la « syphilis » au XVIIe siècle, une « poivrière » est une femme malade et *poivrer* signifie « inoculer une maladie vénérienne ». « Il y avait une bonne dame, [...] si abandonnée que, pour se venger d'un homme, elle prit

une fois du mal tout exprès afin de le poivrer », rapporte le gazetier du Grand Siècle Tallemant des Réaux.

Au début du XIXe siècle *poivre* prend aussi le sens de « poison » et *donner le poivre* signifie « empoisonner ». À partir des années 1830, il s'agit encore d'« eau-de-vie », probablement pour la simple raison que l'alcool a un goût fort, qu'il pique comme l'épice. Le verbe *poivrer* signifie alors « faire payer cher », « empoisonner » et « enivrer » quelqu'un. On *s'empoivre* ou on *se poivrote* à l'occasion avec d'autres *poivriers*, dans une *mine à poivre* (« bar ») pour finir par *être poivre* (« être ivre ») vers 1860. Les *poivrots* font leur apparition à cette époque et représentent aujourd'hui les uniques descendants vivants de cette lignée de poivres. L'histoire du poivrot est décidément bien salée.

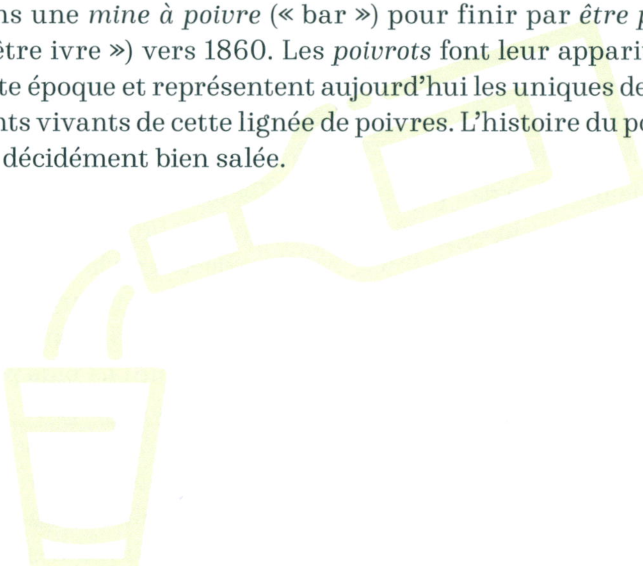

LA POMME DE DISCORDE

sujet de division

Sur le mont Olympe, c'est jour de réception : on célèbre le mariage de Pélée et Thétis. La liste des invités étant comme toujours une délicate affaire, on a pris soin de convier tous les dieux. Tous ? Non ! La déesse de la Discorde, Éris, a été oubliée, si l'on peut dire. La maline, pour sa vengeance, envoie à la tête des noceurs une pomme d'or, avec une inscription : « Pour la plus belle ». Il n'en faut pas plus pour déclencher un cyclone, une apocalypse, la guerre totale. Trois déesses revendiquent la pomme de Discorde : Athéna, déesse de la Sagesse et de la Guerre, Héra, puissante reine du mariage, et Aphrodite, égérie de l'amour. Il faut un arbitre... Zeus, qui sent l'entourloupe, refile la patate chaude à Pâris. Les trois belles vont ainsi se soumettre au jugement de Pâris sur le mont Ida. C'est à Aphrodite que le héros accorde le prix, lorsqu'elle lui promet l'amour de la plus belle femme du monde : Hélène. La pomme d'or plante la graine de la guerre de Troie. Cet épisode majeur de la mythologie grecque fait l'objet de mille représentations depuis la Renaissance et c'est à partir des années 1620 que nous appelons *pomme de discorde* un sujet de dispute, au départ anodin, qui risque d'avoir de terribles conséquences. On dit aussi *emporter la pomme* et *accorder la pomme à une femme*, des expressions qui ont aujourd'hui disparu. À cette époque commencent à se multiplier les comédies, ballets, opéras-comiques parodiant la scène, et c'est en général sur un ton plaisant qu'on parle de *pomme de discorde*, comme dans *La Belle Hélène* d'Offenbach, où Pâris chante :

> « Dans ce bois passe un jeune homme
> Un jeune homme frais et beau (c'est moi !)
> Sa main tenait une pomme
> Vous voyez bien le tableau ! »

TOMBER DANS LES POMMES

s'évanouir

L'ambiance dans les salles de théâtre n'est monacale que depuis le début du XXe siècle. Il faut se figurer autrefois un lieu bruyant où l'on fume, s'exclame, dîne, boit du vin, joue aux cartes. Le bas peuple témoigne son insatisfaction en jetant sur les acteurs ce qu'il a sous la main : reliefs de repas, trognons de pomme, épluchures, boules de tabac – on a même vu des pierres et des excréments.
On parle à la fin du XIXe siècle de *jeter des pommes cuites à un acteur* ou *le reconduire à coups de pommes cuites*. Un journal de critique théâtrale édité de 1916 à 1919 prend le titre *La Pomme cuite*, « parce que c'est la grenade du civil, celle qu'on lance avec joie, force, entrain et précision sur quiconque, de l'autre côté de la rampe, ne possède pas le don de plaire ». En effet l'expression s'utilise depuis le XVIIe siècle dans un

contexte militaire, pour désigner un ennemi faible, facile à abattre. Madame de Sévigné commente : « D'abord on a cru ici qu'il ne fallait que des pommes cuites pour ce siège. » On parle dès lors d'*être dans les pommes cuites* pour « être dans une situation critique » au XIXe siècle et si l'on *tombe dans les pommes* à partir des années 1890, il semble que ce soit dans cette variété-là. Cuite ou crue, la cure est bien connue : « Une pomme chaque matin éloigne le médecin » … « pourvu que l'on vise bien » rectifie Winston Churchill.

STÉPHANE MARIE RAMÈNE SA FRAISE

Petit, je suis tombé dedans mais il s'agissait de pommes à cidre, une boisson emblématique de ma région, le Cotentin. Durant des siècles, sa réputation, due à son excellente qualité, lui valait d'être exportée jusqu'à Paris. Chaque automne, nous passions des semaines à ramasser les pommes sous ces arbres de plein vent, dits « à haute tige ». Alors que je comptais le nombre de paniers versés dans les impressionnantes rances en forme de pyramides allongées, je rêvais de me jeter dedans comme dans une piscine remplie de balles. Cela aurait été sacrilège ! À cette époque, les vaches paissaient dans les prés, à l'ombre des pommiers. Une forme de polyculture-élevage qui associait la vente du lait à celle du cidre. Chez mon oncle, l'une des granges alignait quatre-vingts tonneaux de deux mille litres chacun ! Un revenu non négligeable. Aujourd'hui, les haies du bocage tombent, le maïs remplace les pommiers et les vaches restent à l'étable. Plus question de tomber dans les pommes.

PRENDRE UNE PRUNE

recevoir une contravention

« La mairie de Paris propose de vous venir en aide. Vous êtes sans diplôme, vous êtes moche, même très moche, vous êtes aigrie par la vie et vous avez une sacrée revanche à prendre : la mairie de Paris vous donne votre chance : devenez contractuelle. » (*Les Inconnus*, 1990.) Les Français ont conçu peu d'amour pour les pervenches du temps de leur règne, mais on pourrait presque regretter ces défenseuses pittoresques d'un métier d'antan. En 1978, celles qu'on nommait les *Aubergines* deviennent des *Pervenches* grâce à leur nouvel uniforme, dont la teinte bleu ciel rappelle la fleurette mauve. Ces figures incontournables de la vie citadine sont les héroïnes d'une série télévisée intitulée *Marie Pervenche*. Leur guerre se combat à coups de prunes.
C'est d'ailleurs de l'univers martial que découle le sens de *prune* comme « contravention » dans les années 1950.

Dès son apparition dans la langue française au XIIe siècle, le mot qui vient du latin *pruna* adopte des sens figurés comme celui de « coup, blessure ». Au XVIIe siècle une *prune* désigne une « balle de fusil » et à la fin du XIXe siècle un « coup de poing ». Le sens ancien de projectile mortel est demeuré vivant dans *prendre un pruneau*. La longue vie des prunes est une vieille histoire frappante. Quand le duc de Sully vient prévenir Henri IV des préparatifs belliqueux de l'ennemi, il le trouve en train de secouer un beau prunier. « Pardieu, sire, [...] nous venons de voir passer des gens qui semblent avoir le dessein de vous préparer une collation de bien autres prunes que celles-ci et un peu plus dures à digérer. » Le cheval blanc d'Henri IV serait-il mal garé ?

POUR DES PRUNES

pour rien

La première fois qu'on entend *pour des prunes*, c'est en 1508 dans la bouche du diable. *Le Livre de Deablerie* d'Eloy d'Amerval, ce sont neuf cent pages versifiées où Lucifer rapporte à Satan les occupations des hommes. On lit au chapitre concernant les avocats :

« Quoy, pour rien ! Rien ne gaigneroient ?
Tu ne doibs pas dire pour rien
Mais pour de l'argent… on scet bien
Qu'ilz ne playdent pas pour des prunes.
puisque c'est pour tirer pecunes,
Tant a l'envers comme a l'endroit,
Ne leur chault qui ait tort ou droit. »

Depuis la fin du XIIe siècle, on emploie l'expression *ne preisier une prune*, qui signifie « n'avoir aucune estime pour », la prune étant synonyme d'*insignifiant*. Les prunes ne coûtent pas grand-chose et l'on dit *ce n'est pas pour des prunes* au sens de « ce n'est pas pour rien » dès le début du XVIIe siècle. À partir des années 1820 on parle de *compter pour rien*, *pour du beurre* et *pour des prunes*.
Les auteurs du XIXe siècle aiment à raconter une anecdote pittoresque qui, pour être éventuellement véridique, ne peut être à l'origine de l'expression car elle aurait forcément lieu entre 1514 et 1524. Soliman le Magnifique ayant offert un prunier de Palestine à la première épouse de François Ier, la reine Claude, celle-ci donne son nom à ses fruits et fait surveiller le précieux arbre par des soldats. Un jeune garçon réussit tout de même à s'emparer de prunes, et finit pendu. Un peu plus tard, un voyou dérobe des joyaux à la reine, il se fait attraper. Sur l'échafaud il aurait eu ces mots : « Au moins, moi, si je suis pendu ce n'est pas pour des prunes ! »

LOGER UN PRUNEAU DANS LE BOCAL

tirer une balle dans la tête

Un pruneau d'Agen ça fait du bien, sauf quand on l'a dans le bocal.

Un pruneau, c'est depuis le XVIe siècle une prune qu'on sèche soit à l'étuve, soit à l'air libre et conserve dans un récipient hermétique, comme un bocal. Le mot constitue un simple diminutif de *prune*. Monsieur, le frère de Louis XIV, les aime tant qu'il en attrape des indigestions, mais ce n'est pas pour sa valeur nutritionnelle qu'on *loge un pruneau dans le bocal*. Plutôt qu'une méthode pour glisser une prune dans de l'eau-de-vie, il s'agit de liquider un importun. « Je me charge d'ajuster le Tapissier, moi ! Qué plaisir de loger un pruneau dans son bocal, ça me vengerait de tous mes puants d'officiers ! » (Honoré de Balzac, *Les Paysans*, 1855.) Le *pruneau* désigne à partir des années 1830 une « balle de fusil ou de pistolet » en argot de soldat, à l'imitation de la « prune ». En 1835 on commence à employer *bocal* dans le sens d'« estomac », toujours en argot. Littéralement, *loger un pruneau dans le bocal* revient à tirer une balle dans le ventre. Mais comme le *bocal* devient en 1918 le « casque » dans le parler des fantassins, on a tendance à y voir de nos jours la tête.

STÉPHANE MARIE RAMÈNE SA FRAISE

Originaires de Chine, les pruniers gagnent l'Europe par la route de la soie. Dès l'Antiquité, les médecins grecs, romains et arabes vantent les mérites des prunes séchées au soleil. L'histoire continue quand, au XIIe siècle, des pruniers de Damas sont introduits en France au retour de la troisième croisade. Cultivés par les moines de l'Abbaye de Clairac, près d'Agen, ces pruniers sont hybridés avec des pruniers locaux. Une fois séché, leur fruit dit « Prune d'Ente » donne le futur pruneau d'Agen.

Riche en fibres et en vitamines, peu volumineux et doté d'une longue conservation, le pruneau est embarqué à bord des bateaux lors des voyages au long cours; les marins l'apprécient tant pour son goût que pour ses vertus antiscorbutiques. Quant au prunier d'Ente, lui aussi part en voyage pour s'installer au XIXe siècle en Californie, au Chili, en Afrique du Sud et en Australie où ses fruits rencontrent un succès considérable au point de concurrencer nos pruneaux d'Agen. Aussi, depuis 2002, le vrai pruneau d'Agen bénéficie d'une IGP (Indication géographique protégée). Vole mon pruneau et je t'en loge un dans le bocal!

SECOUER COMME UN PRUNIER

secouer quelqu'un vigoureusement ; tancer vertement

Si l'on secoue les pruniers, c'est tout d'abord pour vérifier que les prunes sont bonnes pour les tartes. « On reconnaît que le fruit est mûr à l'odeur qu'il répand et à la facilité avec laquelle il tombe lorsqu'on secoue légèrement l'arbre. Le plus souvent on se contente, pour opérer cette récolte, de secouer l'arbre ; les fruits qui tombent sont suffisamment mûrs. » (*Dictionnaire d'agriculture*, Barral, Sagnier, 1892.) Pour amortir la chute et éviter que les prunes ne s'écrasent au sol, on aura le soin de placer de la paille sous l'arbre.

Les Français parlent ainsi de *secouer le prunier* dans le sens de « récolter les prunes » depuis le XVIIIe siècle. À partir des années 1870, *secouer quelqu'un comme un prunier* signifie au sens propre « saisir une personne et la secouer violemment », en général dans un contexte d'agression ou de lutte, ou au figuré la « couvrir de reproches ». L'idée commune est de bousculer quelqu'un dans le but d'en obtenir des fruits : une réaction, une prise de conscience, un ébranlement, etc. « J'aimerais bien, moi, le secouer comme un prunier en lui disant ses quatre vérités, à ce vieux salaud répugnant ! » (Amélie Nothomb, *Mercure*, 1998.)

Depuis le XVIIe siècle, le verbe *secouer* signifie familièrement « battre, malmener » et « réprimander » : on *secoue le paletot*, *les puces*.

Quant aux *prunes*, elles possèdent le sens argotique de « coup, blessure » depuis le XIVe siècle, de « balle d'arme à feu » dès le XVIIe siècle. Cela pourrait contribuer à expliquer le choix du prunier, même si l'habitude de le secouer ne date pas d'hier.

PRENDRE RACINE

rester longtemps debout au même endroit ;
s'installer durablement

La grande activité des nobles de l'Ancien Régime, outre le jeu, c'est la visite de courtoisie. Et ce qui fait monter des sueurs froides, c'est la visite d'un ennuyeux ne sachant pas prendre congé à temps, qui « prend racine » dans votre salon. On dit ainsi dès 1630 : *on croit qu'il y veut prendre racine, qu'il y prendra racine*. La métaphore est évidente, elle vient de l'horticulture qui parle de *prendre racine* à propos d'une bouture, une jeune pousse, dont les racines croissent, signe que la plante s'arrime au sol durablement et résistera aux intempéries.

Les valeurs figurées de l'expression se développent en maintes branches, comme le sens pour une personne de « s'établir dans un lieu de manière pérenne ». Dans *Le Tour du monde en quatre-vingts jours* (Jules Verne, 1872), Passepartout cherche à s'installer en Angleterre : « Il n'avait pu prendre racine nulle part. Il avait fait dix maisons. Dans toutes, on était fantasque, inégal, coureur d'aventures ou coureur de pays. » L'expression s'emploie également à propos d'une idée, d'un concept, qui s'enracine pour longtemps dans l'esprit des gens ou dans la culture.

C'est enfin le sens le plus courant que celui, ironique, de rester longtemps en un lieu sans se déplacer. Jean de la Bruyère persifle la figure du fleuriste (*Les Caractères*, 1688) : « Vous le voyez planté, et qui a pris racine au milieu de ses tulipes et devant la *solitaire*. [...] Il la contemple, il l'admire ; Dieu et la nature sont en tout cela ce qu'il n'admire point, il ne va pas plus loin que l'oignon de sa tulipe, qu'il ne livrerait pas pour mille écus, et qu'il donnera pour rien. »

NE PAS AVOIR UN RADIS

être sans un sou

Voilà une singulière pièce de monnaie qui ne brille que par son absence : le radis. Il ne représente l'« argent » que lorsqu'on n'en a pas. Un *radis*, c'est ce qui ne vaut rien, ou tellement peu que c'est pareil à rien. Comme zéro fois zéro fait toujours zéro, on peut dire « je n'ai pas un radis », mais on ne peut pas dire « j'ai un radis ».

Le mot *radis* vient au XVIIe siècle de l'italien *radice*, « racine ». C'est à partir de 1840 qu'on *n'a pas un radis*, comme l'étudiant dont s'est entichée Olympe et qui, littéralement, en meurt de honte : « Mais cette honte, où elle succombait, d'avoir fidèlement gardé de l'amour à un jeune homme sans position et qui, suivant l'expression exacte et vengeresse de sa sœur, ne lui donnait pas un radis ! » (Auguste de Villiers de l'Isle-Adam,

Les Demoiselles de Bienfilâtre, 1893.) Dans ce cas, l'expression désigne une misère noire, celle de l'absence totale de biens.
Les radis sont également les pièces de monnaie qui font défaut dans la poche. « Et je ne les ai pas toujours, mes appointements ; il y a des jours où rien, mais rien, vous m'entendez ! Je n'ai pas un radis. Alors tout cavale ici ! et d'un geste large elle désigne le mobilier, les robes, les bijoux, tout ce qui constitue le luxe galant d'une femme élégante. » (Jules Davray, *L'Amour à Paris*, 1889.) L'expression évoque ici la situation inconfortable d'être sans argent liquide, ou de n'avoir pas d'argent sur soi, sans être à la rue.
C'est sa petite forme ronde qui justifie qu'on associe le radis à un sou, et l'expression prend racine dans sa valeur pécuniaire insignifiante. Il coûte si peu qu'au XIXe siècle, les estaminets offrent parfois des radis gratuitement au comptoir, ancêtres de nos chips.

RATISSER

LARGE

chercher dans toutes les directions

Au Moyen Âge, on ne ratisse pas des jardins mais des tartes. Curieuse habitude que celle des *gasteliers* – fabricants de *gastel*, *gastiaus*, les pâtissiers. On confectionne au XIIIe siècle une pâtisserie faite avec des raclures de pâte, le *gastel rastiz*, dont le nom est le premier émule du verbe latin *rasitare*, « raser souvent », avant l'apparition de *raster*, *rater*, qui signifie « racler, peler ». Verbe dont la pâtisserie médiévale *raton* tire son nom. Passons sur la question de savoir quel usage on peut bien faire d'un mot signifiant « raser souvent » et précisons que le raton n'est pas une tourte au rat mais une petite tarte à base de fromage blanc.

Le mot de *ratisser* vient ainsi de *rastiz* au XIVe siècle et signifie « ôter en raclant la surface, racler légèrement » ; nos aïeux croient à tort qu'il s'agit d'une affaire de râteau et ce sont les jardiniers qui se mettent le râteau dans l'œil au XVIIe siècle, quand *ratisser* prend le sens d'« égaliser la terre à l'aide d'un râteau ». Au début du XXe siècle les militaires lui donnent le sens de « fouiller un terrain comme au râteau ». Nous arrivons dans les années 1980 où naît l'expression *ratisser large* pour exprimer « chercher dans toutes les directions, s'assurer de la portée ample de son action », et c'est le monde de la politique qui emploie le plus souvent son petit râteau pour ramasser les électeurs.

STÉPHANE MARIE RAMÈNE SA FRAISE

« J'entendis un râteau faire au bord des pelouses,
Parmi les graviers murmurants,
Son bruit lisse et perlé. Je n'étais pas jalouse
De la vie, en mon cœur mourant... »

écrit Anna de Noailles dans son poème intitulé *Dans l'adolescence*.

Pourquoi ces vers m'ont-ils longtemps trotté dans la tête? Je ne saurais l'expliquer. C'est un peu comme cette peinture de Gustave Caillebotte, *Les Jardiniers*, sur laquelle deux hommes, pieds nus, se relaient pour arroser des épinards. En la regardant, j'entends presque le bruit de l'eau tomber en pluie sur les feuilles. Un sentiment nostalgique devant un jardin disparu?

Dans un ordre plus pratique, ratisser régulièrement les graviers est le moyen le plus efficace pour empêcher les graines de germer et éviter que l'herbe ne s'y installe. Sans les désherbants chimiques qui, heureusement, sont interdits dans nos jardins, ratisser large est plus que jamais d'actualité.

À L'EAU DE ROSE

mièvre, fade, insipide

Quel rapport entre ce cosmétique ancestral, l'eau de rose, et un roman de gare ? Pourquoi parle-t-on d'un *roman à l'eau de rose* ?

L'expression *à l'eau rose* ou *à l'eau de rose* remonte au milieu du XVIIIe siècle et signifie alors « faible, doux » ; elle peut concerner aussi bien une personne qu'une situation ou une œuvre. À l'époque des Lumières, on peut donc être soi-même *à l'eau de rose* si l'on fait preuve de mollesse, de manque d'énergie. Le roi de Prusse Frédéric II écrit à Voltaire en 1759 : « Après avoir combattu avec succès contre toute l'Europe, il serait bien honteux de perdre par un trait de plume ce que j'ai maintenu par l'épée. Voilà ma façon de penser ; vous ne me trouverez pas à l'eau de rose. » Le caractère sarcastique de

l'expression ne se renforce que dans les années 1800 pour décrire une littérature « fade, mièvre ».
La distillation de pétales de roses, appelée *eau rose* au XVe siècle puis *eau de rose* au XVIe siècle, a probablement connu un sort influencé dans la langue française par l'histoire de la couleur rose. Auparavant évoquée sous le nom d'« incarnat » ou de « rouge pâle » et plutôt associée à la virilité, la couleur rose migre vers l'univers féminin grâce à la marquise de Pompadour qui s'en empare, et lance la mode d'habiller les petites filles en rose. C'est le romantisme qui marie ensuite, pour le meilleur et pour le pire, cette couleur à la tendresse féminine. Le roman ainsi nommé *à l'eau de rose* offre une évasion dans l'univers enivrant de la romance sentimentale.

ÊTRE FRAIS COMME UNE ROSE

avoir un teint éblouissant, frais et dispos

« L'aurore aux doigts de rose » pointe, et la rosée affleure sur les doux pétales dans les bosquets. Est-ce à une combinaison de *rose* et de *rosée* qu'on songe en complimentant une jeune fille sur son teint *frais comme une rose* ?

En vérité les mignonnes ne se promènent que rarement nues en leur jardin afin d'aller voir si la rose. Ce tableau poétique de l'aurore n'est pas la bonne piste. Étymologiquement, la rosée n'est guère parente de la rose. Aucun lien. *Rosée* (à ne pas confondre, pour garder le teint frais, avec *rosé* et *rosette*, qui eux viennent bien de *rose*) descend du latin *ros*, « rosée ». D'où vient donc toute cette fraîcheur ?

Les pommettes des jouvenceaux sont comparées aux fleurs de rose depuis l'Antiquité. Le poète Anacréon louant la grâce du jeune Bathylle demande au dieu de la Beauté : « Donne à ses joues de rose le velouté de la pêche et répands sur elles, autant que tu le peux, l'incarnat de la pudeur. » En se rapprochant de notre temps, on croise nécessairement le chemin de Ronsard, qui admire « un front de rose, un teint damoiselet » chez une beauté de quinze ans qui a charmé sa raison. Au XVIe siècle on emploie déjà l'expression *teint de rose*. C'est au début du XIXe siècle qu'on rencontre de jolies personnes *fraîches comme la rose.*

Le mot *frais* vient du francique *frisk*, « récent, non flétri », et exprime dès le XIIe siècle la vitalité et la pureté de la jeunesse, parfois en association avec les fleurs ; on peut aussi parler d'un *rire frais* et, au XVIIIe siècle, d'un *frais coloris.*

NE PAS SENTIR LA ROSE

sentir mauvais

La litote familière vaut bien « va, je ne te hais point »: *cela ne sent pas la rose* est tout de même plus heureux qu'un *ça pue* - avouons-le, du dernier bourgeois. Et l'évocation seule de la rose pose sous le nez un mouchoir parfumé qui protège la bouche de pestilents propos. Le souffle de la rose est si prégnant dans notre culture que son nom seul embaume. L'expression un rien affectée profite à rebours de l'éloquence olfactive de la rose pour piquer « les écluses du cerveau » - ainsi les Précieuses nommaient-elles le nez.

Rose emprunte *rosa* au latin, qui lui-même tire sans doute ses lointaines origines d'une langue orientale. Le mot grec *rhodon*, apparenté à *rose*, viendrait de l'iranien… En articulant le mot de *rose* on hume les jardins persans où des paons s'abreuvent à des fontaines, les canaux d'eau de rose des noces de la princesse moghole Nûr Jahân, les plages jonchées d'églantines sous les pas de Néron, les avalanches de pétales au palais d'Héliogabale…

L'histoire dit que Galien, grand médecin romain venant de Pergame (actuelle Turquie), crée au IIe siècle le cérat de Galien – notre *cold cream* – à base d'eau florale de rose. Puis Avicenne, le médecin persan, invente la distillation dans ses fameux alambics en l'an mil, exsudant l'essence et l'eau de rose. La rose de Damas, la préférée des parfumeurs, est rapportée par les croisés au XIIIe siècle à Provins ; désormais nous fleurons bon la rose comme au paradis perdu. Parce que les fragrances sont des édens abstraits, assurément si cela ne sent pas la rose, notre nez vit un enfer.

CUEILLIR LES ROSES DE LA VIE

profiter de sa jeunesse

« Quand vous serez bien vieille, au soir, à la chandelle,
Assise aupres du feu, dévidant & filant,
Direz, chantant mes vers, en vous esmerveillant,
Ronsard me celebroit du temps que j'estois belle. [...]
Vivez, si m'en croyez, n'attendez à demain :
Cueillez dés aujourd'huy les roses de la vie. »

Ronsard, *Sonnets pour Hélène*, 1578.

Quand Ronsard part à la cueillette d'une jeune fille en fleur, il ne mâche pas ses mots. Comment la convaincre de le laisser cueillir sa rose ? En lui montrant qu'elle ne restera pas toujours dans la fleur de l'âge. *Cueillir les roses de la vie* est plutôt une citation qu'une expression proprement dite. Le poète fait allusion à l'immortelle formule d'Horace : « *Carpe diem, quam minimum credula postero.* » (« Cueille le jour présent sans te soucier du lendemain. »)
Les jardiniers savent qu'une rose doit être cueillie à peine éclose, car elle se fane vite ; le XVIe siècle en fait une image

canonique de la brièveté de l'existence, et *les roses de la vie* représentent le meilleur moment de la vie.

La fleur de Ronsard est un peu plus coquine, car la rose évoque aussi la virginité de la femme - on parlera à partir du XVIIe siècle de *cueillir la rose* pour « déflorer une épousée ». *Déflorer* dérive lui-même de *fleur* ; il signifie au XIIIe siècle « dépouiller de ses fleurs », mais également « faire perdre sa virginité à une jeune fille » et « priver de sa pureté ». Rien de nouveau dans les plates-bandes.

STÉPHANE MARIE RAMÈNE SA FRAISE

Mon jardin n'aime pas beaucoup les roses. Est-ce le fer contenu dans son sol ou je ne sais quoi d'autre ? Toujours est-il que, malgré toutes mes tentatives, mes rosiers demeurent chétifs.

Pourtant, séduit par les images des catalogues, j'en ai planté beaucoup ! Mais le résultat est toujours resté en deçà de mes espoirs. Jusqu'à ce qu'une visite dans un jardin au bord de la Loire m'éclaire subitement. Il y avait là un rosier buisson appelé « Crocus rose », cela ne faisait que trois ans qu'il avait été planté mais il était couvert de fleurs et mesurait plus de deux mètres. Alors que, dans mon jardin, le même avait beau être trois fois plus vieux, il était trois fois plus petit et trois fois moins fleuri ! Le jardin a toujours raison. Chez moi les camélias se plaisent, alors je ne lésine pas sur leur nombre. Quant aux rosiers lianes, ils ne demandent qu'à partir à l'assaut de mes grands arbres, aussi je ne les compte plus et, dès le mois de mai, j'adore profiter de leurs nuages de fleurs.

Finalement, pour moi, cueillir les roses de la vie, c'est prendre avec le plus grand bonheur ce que le jardin accepte de m'offrir.

DÉCOUVRIR LE POT AUX ROSES

mettre au jour le secret

Il semble qu'on ait perdu *le pot aux roses* renfermant le secret de cette expression. Elle fleurit pourtant notre vocable depuis le XIVe siècle, dérivant de *découvrir le pot* (datant du XIIe siècle) et côtoie au XVIe siècle *découvrir le pot-pourri*.

Le *pot*, selon toute vraisemblance, serait un flacon d'eau de rose qu'il faut conserver bouché pour éviter que l'essence ne s'évapore. L'eau de rose constitue un produit de consommation plutôt courante au Moyen Âge, notamment en cosmétique comme parfum, antirides, fard à joues ou pour la toilette. *Découvrir* possède avant le XVIIe siècle le sens de « révéler » et « soulever un couvercle » ; l'expression pourrait renvoyer simplement à l'idée d'éventer une fragrance, dévoiler un secret de beauté.

Mais la rose a plus d'un tour dans son pot et son symbolisme s'avère si complexe que nos langues se fourchent sur ses épines. La reine des fleurs aux vertus apaisantes est depuis l'Antiquité l'emblème du silence gardé. Au XIIIe siècle le pape Adrien V fait graver des roses sur les confessionnaux. Des propos tenus *sub rosa* (« sous la rose », abréviation de *sub rosa dicta velata est*) se doivent ainsi de rester confidentiels. Manque de pot : à trop garder des secrets, la rose a fini par perdre le sien.

STÉPHANE MARIE RAMÈNE SA FRAISE

Est-il possible de cultiver des roses sur son balcon? La réponse est oui, mais ce n'est pas la meilleure condition pour que l'arbuste se développe à son aise. Le contenant devra être de belle taille et il sera nécessaire de rempoter le rosier tous les trois ans afin qu'il ait la force de fleurir encore et encore, de mai à novembre.

Au domaine de la Malmaison, Joséphine de Beauharnais, qui aimait les roses plus que tout, avait initié l'obtention de rosiers remontants, une véritable révolution horticole! Sa collection n'était pas cultivée en pleine terre, mais dans des pots, disposés dans les serres ou à l'extérieur, de manière à pouvoir les faire entrer dans le palais lorsque advenait la floraison. Ainsi, le grand salon se transformait en roseraie et Joséphine pouvait admirer au plus près ses chères roses et s'enivrer de leur parfum.

Depuis cette époque, les roses en pot de la Malmaison ont donné naissance à la plupart des rosiers modernes que nous cultivons dans nos jardins.

ENVOYER SUR LES ROSES

repousser, rembarrer

Entre le velouté soyeux des pétales de rose et le piquant de ses épines, le cœur de la langue française balance. Si l'on *envoie quelqu'un sur les roses* on l'éconduit de manière cavalière ; en revanche si cette même personne atterrit *sur un lit de roses*, elle se délasse dans le délice des sens. Allez savoir. Il n'y a pas de roses sans épines, certes, et notre langue s'amuse à son gré de cette ambivalence. Le *lit de roses* semble avoir pour origine les coussins et matelas rembourrés de pétales sur lesquels se prélassaient les patriciens romains. Manifestement, ce n'est pas là qu'on nous envoie sur les roses. Alors, qu'on nous jette : fort bien, mais sur quoi ? Étymologiquement, *rosa* en latin désigne au XIIe siècle aussi bien la fleur que l'arbre. À la fin du XIXe siècle on peut *être sur les roses* quand on se trouve dans une situation fâcheuse, et au début du XXe siècle on commence à *envoyer sur les roses*, autant dire sur les ronces. Heureux hasard de l'histoire, on découvre au même moment le vaccin contre le tétanos. Ce n'est donc pas six pieds sous terre mais seulement au diable qu'on nous expédie en nous jetant dans les rosiers.

Cette tournure familière s'inspire d'*envoyer promener*, désobligeant procédé de vieille habitude puisque Sganarelle conseille déjà à Don Juan d'envoyer promener son père dans la pièce de Molière. S'agissant d'*envoyer paître* un importun, François Villon, le pratique au XVe siècle et les Français s'y connaissent donc depuis six cents ans, de quoi devenir spécialistes.

SOUPLE COMME UN

ROSEAU

souple, flexible, adaptable

L'antagonisme symbolique du roseau et de l'arbre traverse toute la culture occidentale et n'est certes pas une invention de La Fontaine, même si l'on considère *Le Chêne et le Roseau* (1668) comme l'un de ses chefs-d'œuvre. Le roseau ploie et l'arbre se brise sous le vent. C'est la morale qu'on en tire qui varie sensiblement entre l'Antiquité et les temps modernes. Ésope compose la fable *Le Roseau et l'Olivier* au VIe siècle avant notre ère, et conclut qu'il faut apprendre à plier devant les puissants pour survivre. Au Moyen Âge on en fait une lecture chrétienne opposant orgueil et humilité. Dès le XIIIe siècle, le roseau entre dans des métaphores pointant sa fragilité, sa vulnérabilité, ou sa flexibilité. La Fontaine revisite le thème en louant la souplesse d'esprit, la diplomatie, la capacité d'adaptation, par opposition à la force inflexible.

Au XVIIe siècle, le roseau fournit à la langue maintes expressions figurées, notamment pour désigner l'humain dans sa fragilité : « L'homme n'est qu'un roseau, le plus faible de la nature ; mais c'est un roseau pensant », formule Pascal. *S'appuyer sur un roseau* signifie placer sa confiance en une personne qui n'en a guère les épaules. On parle également sur un ton péjoratif d'*un roseau qui plie à tous les vents*, pour une personne qui cède facilement. Jean Anouilh s'en agace dans un pastiche du *Chêne et le Roseau* (1962) et défend ceux qui se tiennent droit face à la menace : « Plier, plier toujours, n'est-ce pas déjà trop le pli de l'humaine nature ? »

La beauté ne se mange pas en salade

mieux vaut un conjoint riche ou bon plutôt que beau

« Quand elle était fille, on l'appelait la Madone en rigolant parce qu'elle montait en graine ; elle n'arrivait pas à se marier à cause précisément d'un petit visage fin qui faisait fuir les chalands. Dans les montagnes, on n'aime pas trop que les femmes aient un joli visage ; on dit : "la beauté ne se mange pas en salade". »
Dans *L'Iris de Suse* (1970) Jean Giono se penche sur le thème de l'avarice, notamment chez les peuples montagnards, et nous documente sur ce proverbe alpin du XIXe siècle. Quand on dit que *la beauté ne se mange pas en salade*, c'est un euphémisme présentable pour exprimer que la dot de la mariée compense sa laideur… et qu'à tout prendre, autant choisir l'argent. Voilà une langue imagée qui ne mâche pas ses mots. Le proverbe est traduit du patois savoyard : *la beautâ ne se*

m'jhia pa in saladâ. Du côté des Alpes italiennes, on dit « *a bellezza unn empie a panza* » (« la beauté ne remplit pas la panse »). La jeune fille du roman de Giono ne trouve point de mari car son minois n'augure rien de bon. Mieux vaut une fille travailleuse.

On dit qu'on laisse une jeune fille *monter en graine* lorsqu'elle prend de l'âge sans se marier et risque de coiffer sainte Catherine, sur la métaphore d'une plante dont les fleurs ont déjà produit des graines. Rapidement descendu de ses montagnes natives, le proverbe *la beauté ne se mange pas en salade* signifie de nos jours qu'un bon caractère vaut mieux qu'un beau visage, car « beauté sans bonté ne vaut pas une soupe sans sel ». Demandez à l'intérieur ce que vous ne voyez pas à l'extérieur : à l'intérieur de l'âme ou du portefeuille, c'est à vous de voir.

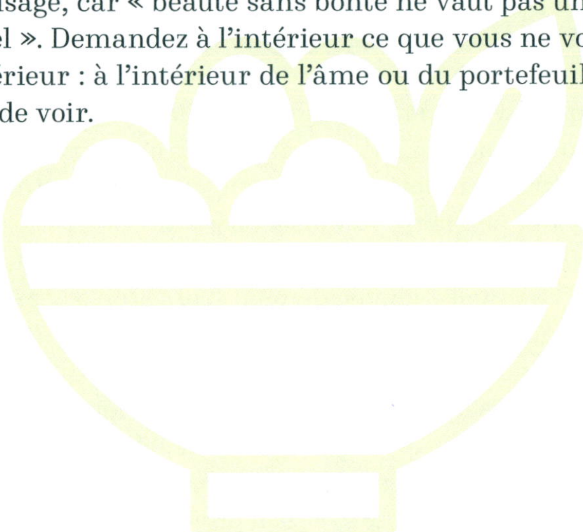

PANIER À SALADE

fourgon de police

Au début du XIXe siècle, on commence à trouver rétrograde la charrette destinée à convoyer les prisonniers qu'on vient de surnommer *panier à salade*. Depuis la Révolution française, elle consiste en une carriole close en osier tirée par des chevaux. Les voyageurs, chaînes aux pieds et barres aux poignets, y sont secoués sur les pavés parisiens comme de la laitue qu'on égoutte ! Les véritables paniers à salade de cuisinière sont également tressés en osier et le rapprochement s'avère immédiat. Ne crachons pas dans la soupe, il s'agit à l'époque d'une invention de confort qui évite aux détenus de faire la route à pied en traînant leurs chaînes. Mais en 1837 rien ne va plus, la police de Paris lance un concours pour moderniser le transport des prisonniers ; Paul-Henri Guillot le remporte avec son projet de voiture cellulaire

à cheval munie de sièges rembourrés, avec de la lecture à bord… La limousine de taulards est décrite par Balzac : « Cette ignoble voiture à caisse jaune, montée sur deux roues et doublée en tôle, est divisée en deux compartiments. Par-devant, il se trouve une banquette garnie de cuir sur laquelle se relève un tablier. C'est la partie libre du panier à salade, elle est destinée à un huissier et à un gendarme. Une forte grille en fer treillissé sépare […] du second compartiment où sont deux bancs de bois placés, comme dans les omnibus, de chaque côté de la caisse et sur lesquels s'asseyent les prisonniers. » (*Splendeurs et misères des courtisanes*, 1838-1847.)
Comme les paniers à égoutter la salade sont désormais en fer, la métaphore conserve son sens… jusqu'en 1918, quand le panier à salade passe à l'essence, et qu'on commence à oublier le rapport entre la laitue et le prisonnier.

RACONTER DES

SALADES

raconter des histoires, des mensonges

« Il avalait trois ou quatre grogs avant d'entrer en scène ; il lui fallait ça, assurait-il, pour vendre sa salade », rapporte une gazette théâtrale en 1900 à propos d'un chanteur lyrique qui a le trac. Dans le jargon théâtral, *vendre sa salade* signifie se montrer convaincant en faisant son numéro. L'idée est celle de proposer un produit par un discours flatteur et ambigu, comme un camelot qui bonimente sur les marchés.
Mais pourquoi la brave laitue raconterait-elle des craques ? En réalité, ce n'est pas tant le légume en soi qui est à blâmer que la salade composée. Copié au XVe siècle de l'italien *insalata* (« salée »), le mot *salade* désigne d'abord le plat composé d'herbes potagères, assaisonné d'huile, de vinaigre et de sel. C'est ainsi le sens d'assemblage hétéroclite, de mélange

compliqué qui prévaut dans les usages figurés de la salade. Un livre d'Antoine de La Sale (1441) intitulé *La Salade* constitue déjà une compilation bigarrée. Au XVIIe siècle une *troupe de salades* est en argot de soldats un régiment formé d'hommes venus de divers corps, et au début du XIXe siècle les *salades* sont des propos ou des choses confus et embrouillés, donc forcément suspects. C'est à la fin du siècle que *salade* prend le sens de « mensonge » et qu'on dit *c'est toujours la même salade* : « C'est toujours la même histoire. »

STÉPHANE MARIE RAMÈNE SA FRAISE

Jamais de repas sans salade ! C'est ma devise.

Leur choix est infini. Si les laitues et les batavias font partie de notre ordinaire, il serait dommage de se priver d'autres expériences gustatives pleines de bienfaits pour la santé. Pour ma part, j'adore la mâche, l'une des reines de l'hiver, qui pousse spontanément dans les graviers mais qui se sème aussi sur les planches du potager, une fois les pommes de terre récoltées. Puis je passe au cresson, pour son goût soufré dû aux glucosinolates, excellents pour l'organisme. En février, je pars dans les prés cueillir les jeunes pissenlits, pas seulement pour leur goût mais aussi pour leurs vertus bienfaisantes sur le foie et les reins. Ensuite, muni d'un petit couteau pour ne pas abîmer ses racines, je vais couper les feuilles du nombril de Vénus car je raffole de sa chair épaisse ! Enfin, vient la saison du pourpier, si longtemps oublié et qui pousse dans les terrains secs. Je ne parlerai pas des roquettes qui me font voyager en Italie.

Je pourrais tant vous en conter... Et ce ne sont pas des salades.

SENTIR LE SAPIN

être à l'article de la mort

Quand on songe aux inhumations d'antan, on se figure les fosses communes, les catacombes. Pourtant l'on raille quelqu'un sur sa fâcheuse posture d'un « ça sent le sapin » depuis les années 1690, en faisant finement allusion à l'essence de bois odoriférante qui compose souvent les cercueils. On parle en souriant d'un *surtout de sapin*, puis au XIXe siècle d'une *redingote de sapin* et tout court d'un *sapin*, pour évoquer les quatre planches de la dernière demeure. Comment meurt-on sous l'Ancien Régime ? Les indigents sont enroulés dans des linceuls et empilés tête-bêche dans le charnier du cimetière. Nobles, bourgeois et religieux sont enterrés sous l'église, dans les couvents, ou encore au cimetière dans un cercueil, mais sans pierre tombale. Tout a été organisé et mis en scène par le testament du défunt. Des pauvres sont

rétribués pour porter la bière, tenir les cierges et côtoyer dans le cortège prêtres et moines. Bien que les testaments ne précisent que rarement la confection du cercueil, son absence est considérée comme honteuse ou comme signe de misère.
On couche les morts dans une boîte en bois depuis le XIIIe siècle. Le sapin s'avère peu durable et hétérogène, il n'est pas la seule essence employée mais reste la plus populaire. En 1850, les pompes funèbres de Paris indiquent le tarif de 20 francs pour une bière en sapin, 35 francs pour du peuplier, 60 francs pour du chêne, 800 francs pour de l'acajou, et 1 400 francs pour de l'ébène. Inquiète de *sentir le sapin*, c'est dans une sépulture en bois de rose parfumé que Sarah Bernhardt se fait inhumer après son dernier salut.

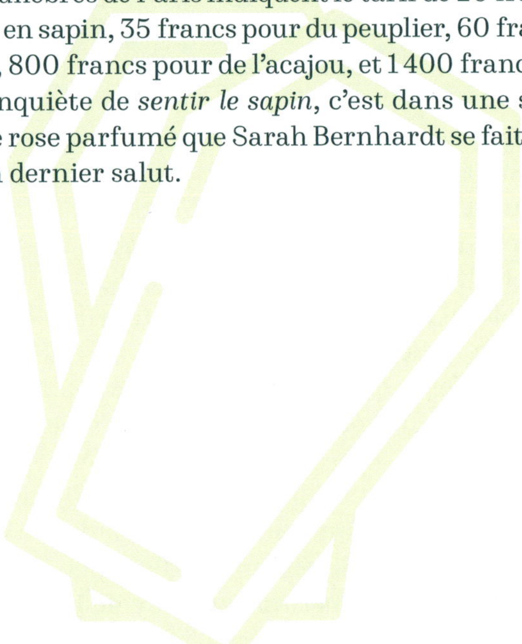

DORMIR COMME UNE SOUCHE

dormir profondément

« Perronnelle, furtivement,
Introduisit, dans sa ruelle,
Certain blondin jeune & charmant [...]
Tout cela disposé, Perronnelle se couche,
Et semble en un instant dormir comme une souche.
Observez que déjà Chrysante étoit au lit.
Dort-il ?... N'en croyez rien. Jamais il ne sommeille ;
Mais il sera cocu, soit qu'il dorme ou qu'il veille. »

Perronnelle feint un besoin pressant afin de rejoindre son amant, faisant bruyamment couler de l'eau dans un pot pour tromper l'oreille de son époux. Le conte licencieux *La Bouteille merveilleuse* date de 1793, et c'est en effet à partir de la fin des années 1780 que l'on commence à *dormir comme une souche* - une époque où l'on a pourtant intérêt à ne dormir que d'un œil. L'expression se réfère bien à une souche d'arbre coupé, dont il ne reste que le pied et les racines, et d'aussi loin que le mot remonte, l'homme *gît comme une souche*.

Le mot *souche* (*çoche* au XIe siècle) qui apparaît au début du XIIIe siècle peut venir du gaulois *tsukka*, mais on a aussi proposé de le rapprocher de l'italien *soccus*, « chaussure de bois » et « base, socle ». Dès le XIIe siècle on *reste comme une souche*, « immobile, inerte ». Quelques siècles plus tard notre souche, lassée, va s'endormir… Symbole de l'immuable, elle n'ira jamais nulle part sur ses longues jambes enterrées. La belle au bois dormant garde les yeux de ses branches coupées ouverts, cette éternelle fatiguée compte les cernes de ses années. Elle seule parmi les habitants de la forêt ne s'éveille pas au printemps.

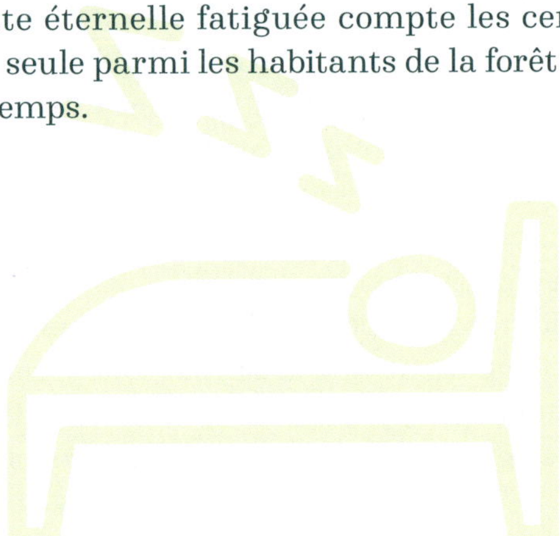

Rester planté comme une SOUCHE

rester totalement immobile, attendre sans bouger

Arracher une souche de la terre n'est pas une mince affaire, les jardiniers en savent quelque chose. Quand un arbre a été coupé, si l'on souhaite dégager le terrain de la souche, il faut encore extirper les puissantes racines. Rien n'est planté plus solidement qu'une souche, et l'expression n'a pas volé son succès quasi millénaire. Car cela fait huit cent cinquante ans que l'on *reste comme une souche*, « inerte », l'expression étant employée dès 1172.

Les bûcherons du XIIe siècle s'y connaissent en souches. C'est en effet à cette période que la France entreprend de grands défrichements et que le paysage tel qu'on le connaît aujourd'hui se dessine ; seigneurs, abbayes et grands propriétaires abattent les forêts, créant prés et champs, rompant l'isolement entre les villages.

La souche ne perd pas la cote avec le temps. Dès le XIVe siècle on dit *être comme une souche*, comme Cléanthis chez Molière (*Amphitryon*, 1668) :

> « Je te sus exprimer des tendresses de cœur ;
> Mais à tous mes discours tu fus comme une souche ;
> Et jamais un mot de douceur
> Ne te put sortir de la bouche. »

La *souche*, rebut inutile et encombrant, devient synonyme de *stupide et sans esprit* au XVIIIe siècle : on dit que quelqu'un *est une vraie souche*. S'agissant d'être planté, on parle depuis 1512 de *se planter* tout court, dans le sens de « rester debout et immobile » et depuis le XVIIe siècle pour « se fixer à un endroit ». L'expression plus récente *rester planté comme une souche* semble composer une redondance entre *rester* et *être planté*, s'assurant qu'on n'en bougera vraiment pas.

DE VIEILLE

SOUCHE

de vieille famille

« L'ancien sergent de Royal-Marine, passé roi, a fait souche en Suède et Norvège ; voici que vient de commencer le quatrième règne de cette jeune dynastie. » (*Revue des Deux Mondes*, 1872.) C'est en effet en généalogie qu'on parle de *faire souche*, et pas seulement pour les familles royales : depuis le XIVᵉ siècle la *souche* désigne le premier d'une ligne de descendants, et au siècle précédant le mot souche est déjà synonyme d'*origine*. La lignée peut être jugée dans sa pureté, et l'on est *de bonne souche* depuis le XVIIIᵉ siècle, et *de vieille souch*e depuis les années 1820.

La notion de « Français de souche » désigne un citoyen né d'ascendants français (c'est-à-dire ni immigrés ni étrangers), et s'avère à la fois polémique, vague et historiquement très marquée. Elle apparaît autour de 1892 avec l'ouvrage *La France aux Français*. Puis c'est dans le contexte de la guerre d'Algérie que l'expression acquiert un sens particulier, faisant référence au droit colonial qui distingue les Français de souche européenne, les Français de souche nord-africaine, les étrangers de souche européenne, les étrangers musulmans. Dans son discours du 29 janvier 1960, le général de Gaulle déclare solennellement : « Certains Français de souche exigent que je renonce à l'autodétermination, que je dise que tout est fait, que le sort des Algériens est d'ores et déjà décidé. Cela non plus, je ne le ferai pas ! »

STÉPHANE MARIE RAMÈNE SA FRAISE

Souvenir d'un arbre disparu, les souches m'émeuvent. Sortes de stalagmites lavées par les pluies ou de bois flottés qui n'auraient connu ni le courant des rivières, ni les vagues de l'océan. J'ai choisi de mettre en scène ces objets étranges et un peu effrayants. Je leur ai réservé un endroit un peu secret du jardin où, les racines en l'air, elles semblent surgir de terre parmi d'étonnants pétasites du Japon aux feuilles rondes surdimensionnées et de grandes mélianthes au large feuillage découpé, encore plus baroque que celui des acanthes. Je n'ai rien inventé. À Highgrove House, le prince de Galles leur a dédié un jardin où, par centaines, elles émergent des plates-bandes. Plus spectaculaire et dans l'esprit des folies des jardins du XVIIIe siècle, le créateur Phil Game imagine, pour le Chelsea Flower Show de 2006, une grotte exclusivement composée de souches et de racines que l'ex-Beatles Ringo Starr a acquise pour son propre jardin. Une seconde vie pour les vieilles souches.

C'EST DU MÊME

TABAC

comparable, du même genre

« SGANARELLE, *tenant une tabatière* – Quoi que puisse dire Aristote, et toute la philosophie, il n'est rien d'égal au tabac, c'est la passion des honnêtes gens ; et qui vit sans tabac, n'est pas digne de vivre ; non seulement il réjouit, et purge les cerveaux humains, mais encore il instruit les âmes à la vertu, et l'on apprend avec lui à devenir honnête homme. »

Molière, *Dom Juan*, 1665.

Si vous n'avez rien compris aux boniments de Sganarelle, c'est normal. Aristote n'a bien sûr rien à dire au sujet du tabac, qui est importé d'Amérique par les Portugais au XVIe siècle, et fait florès en Europe grâce à Catherine de Médicis (encore elle). L'ambassadeur de France au Portugal, dénommé Jean Nicot, lui envoie du tabac pour tenter de soigner ses migraines persistantes, ayant observé qu'on l'utilise à Lisbonne pour soigner les infections des voies respiratoires. La reine s'en trouve soulagée, et voilà le tabac devenu au XVIIe siècle la nouvelle panacée médicale. À la pipe, en tisane, en décoction, en chique ou en prise : le tabac soigne tout, la peau, la tête, l'âme, il prévient de la peste, soulage la rage de dents, l'asthme, l'ulcère, la variole ; il est enfin si merveilleux qu'on le surnomme « herbe médicée », « *herba Catharina* », « *herba panacea* ».

Son succès est assuré. On trouve cependant des tabacs de diverses qualités, du gros, du fin, du bon tabac et du mauvais. De la même manière qu'on dit *c'est de la même farine, du même tonneau, de la même étoffe*, on emploie à partir de 1870 *c'est du même tabac* autrement dit « c'est tout comme », et *c'est toujours le même tabac*, « c'est toujours la même histoire ».

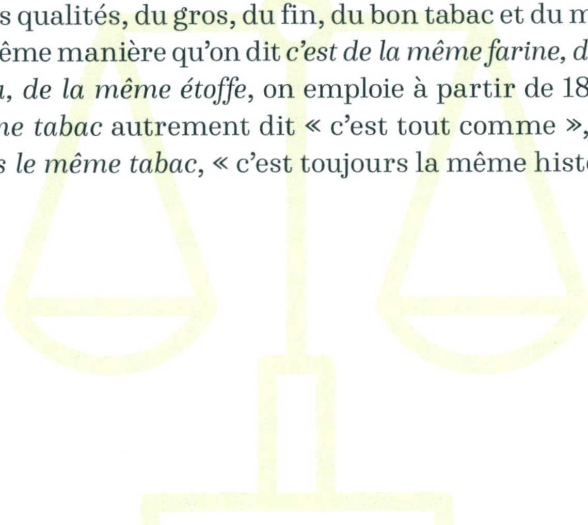

PASSER À TABAC

rouer de coups

C'est l'histoire d'un père de famille qui s'en est allé acheter des cigarettes, et n'est jamais revenu. Pourquoi les gens disparaissent-ils toujours un paquet de cigarettes à la main ? Mystère. Fumer tue, certes, mais il ne faut pas confondre *passer au tabac* et *passer à tabac*. Car l'expression est sans rapport avec le syndrome du paquet de cigarettes, elle aurait plutôt à voir avec *tabasser*.

Il existe au fond des âges, dans les dialectes du Sud, une racine *tab-* commune à divers mots relevant de l'idée de « frapper », qui produit en français *tabuster* (« battre ») au XVe siècle, l'ancêtre de *tarabuster*. Le verbe *tabasser* ne se rencontre par écrit que depuis le début du XXe siècle, mais *tabac* adopte en argot le sens de « coup sur le nez » dès 1800, probablement parce que l'« herbe à Nicot », comme on l'appelle, se bourre dans le

nez comme le poing. *Tabac* devient populaire dans le sens de « volée de coups » à partir de 1850. Dès 1829 on commence à *donner ou foutre du tabac* à quelqu'un, puis on *repasse du tabac* (1830) et enfin l'on décide de *passer à tabac* à partir de 1879. On comprend que lorsqu'on *est dans le tabac*, c'est qu'on se trouve dans une situation plutôt critique.
Après tous ces traitements, qui sait si le mari démangé par le démon de liberté voudra encore sortir acheter des cigarettes. Pauvre homme, s'il se résigne à rester dans son fauteuil pour *ouvrir sa tabatière*, il ferait bien d'y songer à deux fois car cela signifie en argot « péter ». Mais enfin, contrairement au tabac, le ridicule ne tue pas, et les fumées de sa déconvenue s'évaporeront bientôt au passage du train-train quotidien.

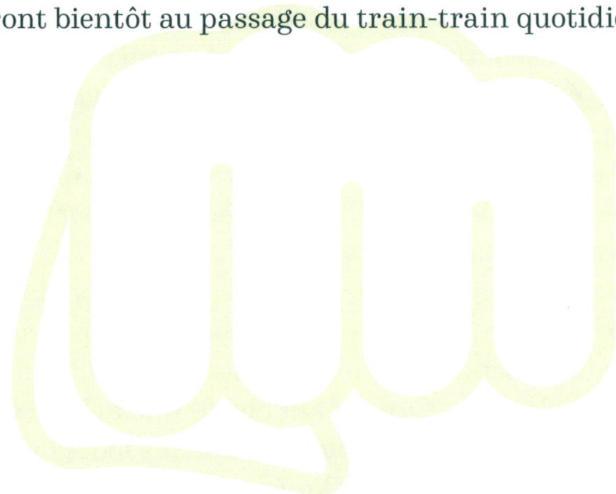

FAIRE UN TABAC

avoir un immense succès

« C'est une folie comme du tabac ; quand on y est accoutumée, on ne peut plus s'en passer », plaisante Madame de Sévigné à propos d'un parfum (1675). Si le tabac fait fureur à partir du XVIIe siècle, cela n'a sans doute rien à voir avec la postérité du mot qui devient synonyme de *succès* vers 1878. Quel est le rapport entre le tabac et le monde du spectacle ?

Dans le vocabulaire secret des gens de théâtre on dit plutôt *avoir le gros tabac* en 1900. Le *tabac*, ce sont les coups redoublés des applaudissements, c'est le bruit des mains frappées qui surpasse la « claque ». Car il s'agit bien d'une affaire de son, d'homophonie avec la racine *tab-* qui exprime l'idée de « frapper » dès le XVe siècle, comme dans *tabut*, « tumulte », et qui a donné *tabasser*.

Parallèlement, le mot *tabac* - l'herbe à fumer - prend vers 1800 le sens de « coup dans le nez » en argot ; on bourre bien le nez de poudre de tabac pour le priser, alors pourquoi ne pas nommer un chat un chat, et un « bourre-pif » « tabac » ? À l'arrivée, on obtient un mot qu'on orthographie « tabac » dans *coup de tabac* et *faire un tabac*, parce que c'est comme ça.

STÉPHANE MARIE RAMÈNE SA FRAISE

Je ne vais pas refaire ici l'histoire du succès fulgurant rencontré par le tabac à pipe ou à priser, au cours des XVIe et XVIIe siècles. Succès beaucoup plus rapide que celui du thé et du café qui, eux, mettront plusieurs siècles avant de gagner tous les continents.

Non, les tabacs que j'aime sont des plantes d'ornement. Elles ne se fument pas mais, en été, elles charment nos plates-bandes. Leurs noms ? *Nicotina elata*, *N. afinis* et enfin, à mes yeux, la championne ou *N. sylvestris*. Cette grande plante se sème au printemps en pleine terre, juste après les dernières gelées. Elle se développe alors très vite jusqu'à atteindre un mètre cinquante tout en déployant de grandes feuilles duveteuses, vert tendre. En été, elle produit de longues fleurs blanches tubulaires et étoilées. Comme les tomates, les tabacs sont des Solanacées dont toutes les fleurs sont étoilées. Durant quelques semaines, ce grand tabac des bois, souple au vent, sobre et élégant, trône au-dessus de ses camarades de plate-bande, histoire de faire un tabac.

ÊTRE ROUGE COMME UNE TOMATE

être très rouge

Cette expression étant particulièrement hermétique à la compréhension, il sera demandé au lecteur un effort d'imagination. Car voyez-vous, la tomate étant souvent d'un rouge prononcé, lorsque notre visage s'empourpre sous l'effet de la honte ou de la timidité, notre tête nous fait penser à une ronde tomate. Voilà.

Avant de nous envoyer des tomates pourries, daignez encore entendre ceci. On emploie *rouge comme une tomate* depuis les années 1830, une époque qui correspond à la diffusion de la tomate dans les assiettes françaises. Importées d'Amérique centrale, les premières tomates sont jaunes, rouges ou blanchâtres. *Tomate* vient à la fin du XVIe siècle de *tomatl* en nahuatl, bien que le mot *tomate* n'entre au dictionnaire qu'en 1835 après deux siècles de *pomme d'amour*, ou *pomme d'or*. Au XVIIe siècle on cultive la tomate en Provence comme plante d'ornement. C'est à la fin du XVIIIe siècle que l'avenir de la tomate se décide, lorsque l'*Encyclopédie* vante ses mérites gustatifs, avant que l'arrivée à la capitale de Marseillais durant la période révolutionnaire fasse découvrir ce mets au Tout-Paris. C'est ainsi au début du XIXe siècle qu'on commence à la cuisiner, en sauce tomate ou tomate farcie. Mais il est temps à présent de dégainer vos tomates pourries puisque, concernant l'expression *en rester comme une tomate* (« être stupéfait, ébahi »), nous ne saurions faire aucun commentaire.

STÉPHANE MARIE RAMÈNE SA FRAISE

Comme si, aujourd'hui, toutes les tomates étaient censées être rouges! Comme si les découvreurs de légumes anciens n'avaient pas ouvert la palette des tomates non seulement à d'autres couleurs, mais également à une foule de textures et de saveurs qui magnifient nos platées d'été et enchantent nos papilles. Même l'industrie agroalimentaire surfe sur cette vague, feignant d'oublier la bombe hollandaise, cette grosse tomate rouge à la peau indestructible. Désormais, les maraîchers proposent la tomate « Ananas », à la délicieuse chair orangée, la « Green Zebra », verte marbrée d'or, légèrement acidulée, la minuscule « Mirabelle », idéale dans les quiches, et tant d'autres.

J'aime beaucoup l'histoire des tomates russes. Au XVIIIe siècle, les Italiens construisent de nombreux monuments en Russie, laquelle en échange vend du blé à l'Italie. Partis avec des graines de tomate dans leurs poches, les maçons italiens les cultivent sur place. Avec le temps, des variétés adaptées à ce climat continental, aux étés chauds et courts, sont apparues, telle la « Noire de Crimée ».

QUELLE

TRUFFE !

quel imbécile !

« Dorine - Point, Tartuffe est votre homme, et vous en tâterez.
Mariane - Tu sais qu'à toi toujours je me suis confiée. Fais-moi...
Dorine - Non ; vous serez, ma foi, tartuffiée. »

Si par malheur Mariane est *tartuffiée*, elle sera mariée à Tartuffe ; Molière se plaît à inventer un mot dont certains esprits du Grand Siècle useront dans le sens de « flouer », mais cette fantaisie ne jaillit pas du néant, loin de là. Dans *Le Tartuffe* (1669), le protagoniste imposteur est inspiré du vieux personnage de *commedia dell'arte Tartufo.* Dès son entrée dans la langue française, *truffe* (*tartufo* en italien) s'utilise au figuré. Le mot est emprunté à l'ancien provençal *trufa*, qui vient lui-même du latin *tuber*, « tumeur, excroissance, nœud d'un arbre ».

Truffe désigne au XIIe siècle non pas le champignon mais une « moquerie », ce jusqu'au XVIIe siècle, ainsi qu'une « tromperie », jusqu'au XIVe siècle. En ancien français, on est victime d'une *truferie* de la part d'un *trufeur* qui nous *trufe*. Ce n'est qu'à partir du XIVe siècle que la truffe est un champignon, et l'on ne parle de *truffe noire* ou *blanche* qu'après 1760.

À partir de 1600 *truffe* est un autre nom de la « pomme de terre » au sud d'une ligne imaginaire partant de la Normandie aux Vosges - on mange encore de la *truffade*, une purée auvergnate à la tomme de cantal où l'on cherchera vainement des truffes. Mais une *truffe* sur le nez sera plutôt une « verrue » au XVIe siècle avant que *truffe* désigne directement un « gros nez rond » au XIXe siècle, à partir des années 1850 la « tête », et à la toute fin du siècle un « imbécile ».

BIBLIOGRAPHIE

I. a. • LANGUE FRANÇAISE - DICTIONNAIRES FRANÇAIS

- *Dictionnaire vivant de la langue française*, Université de Chicago, site comparatif de dictionnaires anciens, en ligne.
- *Le Grand Robert de la langue française*, Le Robert, 2019.
- *Trésor de la langue française informatisé*, en ligne.
- **Académie française**, « Dire, ne pas dire », en ligne.
- **Grevisse (Maurice)**, *Le Bon Usage*, Magnard-Vuibert, 2016.
- **Littré (Émile)**, *Dictionnaire*, en ligne.
- **Malen (Tina), Lybekk (Bergdølmo)**, *La Négation : comment a-t-elle changé en français du IXe jusqu'au XVIe siècle ?*, Université d'Oslo, 2019.
- **Rey (Alain)**, *Dictionnaire historique de la langue française*, Le Robert, 1994.
- **Rey (Alain), Duval (Frédéric), Siouffi (Gilles)**, *Mille ans de langue française*, Perrin, 2007.
- **Somaize (Antoine Baudeau sieur de)**, *Le Grand Dictionnaire des précieuses ou la clef de la langue des ruelles*, 1660.

I. b. LANGUE FRANÇAISE – EXPRESSIONS

- **Amerlynck (Julie)**, *Phraséologie potagère, les noms de légumes dans les expressions françaises contemporaines*, Peeters Leuven, 2006.
- **Brault (Gérard-J.)**, « Ancien français clef des champs », *Romania*, 1961.
- **Dufournet (Paul)**, « Proverbes, dictons et locutions recueillis à Bassy et à Challonges (Haute-Savoie) », *Le Monde alpin et rhodanien. Revue régionale d'ethnologie*, 1973.

- **Duneton (Claude)**, *La Puce à l'oreille*, Stock, 1985.
- **Duneton (Claude), Claval (Sylvie)**, *Le Bouquet des expressions imagées*, Robert Laffont, 2016.
- **Kerleroux (Françoise)**, « Étude de la forme et de l'usage de la formule : "je touche du bois" », *Langage et société*, n° 54, 1990.
- **Nowicki (Joanna), Oustinoff (Michaël)**, « La langue de bois, notion clé du monde contemporain », CNRS éditions, 2015.
- **Pineira-Tresmontant (Carmen), Tournier (Maurice)**, « De quel bois se chauffe-t-on ? Origines et contextes actuels de l'expression langue de bois », *Mots*, n° 21, 1989.
- **Rey (Alain)**, avec la participation de Stéphane De Groodt, *200 drôles d'expressions que l'on utilise tous les jours sans les connaître*, Le Robert, 2015.
- **Rey (Alain), Chantreau (Sophie)**, *Dictionnaire des expressions et locutions*, 1991.
- **Ueltschi (Karin)**, « La clef dans les expressions du français médiéval, considérations pour une sémiotique de la métaphore », in *Les Clefs des textes médiévaux*, direction Fabienne Pomel, Presses Universitaires de Rennes, 2006.

I. c. LANGUE FRANÇAISE – ARGOT

- **Caradec (François), Pouy (Jean-Bernard)**, *Dictionnaire du français argotique et populaire*, Larousse, 2009.
- **Doillon (Albert)**, *Dictionnaire de l'argot*, Bouquins, 2010.
- **Duneton (Claude)**, *Le Guide du français familier*, Seuil, 1998.
- **Larchey (Lorédan)**, *Les Excentricités du langage*, Dentu, 1865.
- **Vidocq (Eugène-François)**, *Dictionnaire argot-français*, Éditions du Boucher, 2002.

II. LANGUE ANGLAISE

- *The Oxford English Dictionary*, University of Oxford, 2008.
- **Crystal (David)**, *Words in Time and Place*, Oxford University Press, 2014.
- **Parmentier (Michel)**, *Dictionnaire des expressions et tournures calquées sur l'anglais*, Presses de l'Université de Laval, 2006.

III. a. DOCUMENTATION – ANCIENS LIVRES DE CUISINE

- **Anonyme**, *Le Mesnagier de Paris*, édité par G. E. Brereton et J. M. Ferrier, Paris, Le Livre de Poche, 1994.
- **Lecointe (Jourdan)**, *La Cuisine de santé*, 1790.
- **Taillevent**, *Le Viandier de Guillaume Tirel dit Taillevent*, Lille, R. Lehoucq, 1991.

III. b. DOCUMENTATION – HISTOIRE DE L'ALIMENTATION

- **Brisse (Baron)**, « Le calendrier gastronomique pour l'année 1867 », La Liberté, 1867.
- **Flandrin (Jean-Louis), Montanari (Massimo)**, *Histoire de l'alimentation*, Paris, Fayard, 1996.
- **Laurioux (Bruno)**, *Le Règne de Taillevent. Livres et pratiques culinaires à la fin du Moyen Âge*, Paris, La Sorbonne, 1997.
- **Laurioux (Bruno)**, *Manger au Moyen Âge*, Paris, Hachette, 2002.
- **Pastoureau (Michel)**, *La Vie quotidienne en France et en Angleterre au temps des chevaliers de la Table ronde : XIIe-XIIIe siècles*, Hachette, 1976.
- **Redon (Odile), Sabban (Françoise), Serventi (Silvano)**, *La Gastronomie au Moyen Âge*, Paris, Stock, 1991.
- **Sabban (Françoise)**, « Companage et banquet : les menus de la France d'Ancien Régime », *Revue japonaise de didactique du français, Études francophones*, Société japonaise de didactique du français, 2006.
- **Sabban (Françoise), Serventi (Silvano)**, *La Gastronomie au Grand Siècle*, Paris, Stock, 1998.

III. c. DOCUMENTATION – HISTOIRE DES COULEURS

- **Pastoureau (Michel)**, *Dictionnaire des couleurs de notre temps : symbolique et société*, Paris, C. Bonneton, 2007.
- **Pastoureau (Michel), Simonnet (Dominique)**, *Le Petit Livre des couleurs*, Paris, Seuil, 2007.
- **Pastoureau (Michel)**, *Bleu : histoire d'une couleur*, Paris, Seuil, 2014.
- **Pastoureau (Michel)**, *Vert : histoire d'une couleur*, Paris, Points, 2017.
- **Pastoureau (Michel)**, *Rouge : histoire d'une couleur*, Paris, Points, 2019.

III. d. DOCUMENTATION – JARDINS ANCIENS

- **Anonyme**, *Revue des Jardins et des Champs, Journal mensuel d'horticulture et d'agriculture*, direction J. Cherpin, Lyon-Paris, 1869.
- **Collectif**, *Vergers et jardins dans l'univers médiéval*, Presses Universitaires de Provence, Aix-en-Provence, 1990.
- **Dubreuil (Laurent)**, « Les fruits symboliques. Sur le vol des poires d'Augustin (Confessions, II) », Rue Descartes, 2001/2 (n° 32).
- **Erre (Fabrice)**, *Le Règne de la poire. Caricatures de l'esprit bourgeois de Louis-Philippe à nos jours*, Paris, Champ Vallon, 2011.
- **Pastoureau (Michel)**, « Bonum, Malum, Pomum. Une histoire symbolique de la pomme », *Cahiers du Léopard d'or* n° 2 consacré à « L'Arbre. Histoire naturelle et symbolique de l'arbre, du bois et du fruit au Moyen Âge », Paris, 1993.
- **Rozier (François)**, *Cours complet d'agriculture théorique, pratique, économique et de médecine rurale et vétérinaire, suivi d'une méthode pour étudier l'agriculture par principes, ou dictionnaire universel d'agriculture*, Paris, 1781-1805.

III. e. DOCUMENTATION – LANGAGE DES FLEURS

- **Brooks (Mary)**, *Silent Needles, Speaking Flowers: The Language of Flowers as a Tool for Communication in Women's Embroidery in Victorian Britain*, University of Nebraska-Lincoln, 2008.
- **Latour (Charlotte de)**, *Le Langage des fleurs*, 1819.
- **Magnat (Casimir)**, *Traité du langage symbolique, emblématique et religieux des fleurs*, Paris et Lyon, A. Touzet - Dutertre - Martinon et Ballay et Conchon, 1855.
- **Montagu (Lady Mary)**, *Turkish Letters* (1763) traduit *L'islam au péril des femmes. Une Anglaise en Turquie au XVIII*[e] *siècle*, La Découverte, 1981.

III. f. DOCUMENTATION – SUJETS VARIÉS

- **Astoul (Guy)**, « L'instruction des enfants protestants et catholiques en pays aquitains du milieu du XVIe siècle à la révocation de l'Édit de Nantes », *in Histoire de l'éducation*, n° 69, Paris, 1996.

- **Becker (Jean-Jacques)**, « 1914 : partis pour un été », *Vingtième Siècle*, n° 5, janvier-mars 1985.
- **Bologne (Jean-Claude)**, émission « Un jour dans l'histoire » dans *Canal Académie*, « Être sur un lit de roses ».
- **Busnel (Jean)**, « L'histoire du panier à salade », documentaire, INA, 1970. Disponible à l'adresse : www.ina.fr/video/CPF10005172
- **Conte (Isabelle), Boudin-Lestienne (Stéphane)**, *Conférence sur le Bal des Quat'z'Arts*, INHA, 2016. Disponible à l'adresse : www.canal-u.tv/video/institut_national_de_l'histoire_de_l_art/le_bal_des_quat_z_arts.23894
- **Corton (Christine L.)**, *London Fog : The Biography*, Belknap Press / Harvard University Press, 2017.
- **Defodon (Charles)**, « Les anciennes écoles dans la Brie, d'après un livre de M. Lhuillier », *Manuel général de l'instruction primaire : journal hebdomadaire des instituteurs*. 57e année, tome 26, 1890.
- **Le Bras (Hervé)**, « Les Français de souche existent-ils ? », *Quaderni*, 1998.
- **Rachet (Guy)**, « Le sanctuaire de Dodone, origine et moyens de divination », *Bulletin de l'Association Guillaume Budé*, n° 1, 1962.
- **Rosen (Charles)**, « La Fontaine le fabuleux », *Le Fablier. Revue des Amis de Jean de La Fontaine*, n° 10, 1998.
- **Sauget (Stéphanie)**, « La mise en place d'un marché funéraire du cercueil à Paris au XIXe siècle », *Annales de démographie historique*, Belin, 2017.
- **Schmitt (Manon)**, « Mourir au XVIIe siècle : attitudes des habitants de Châtellerault », Centre Châtelleraudais d'Histoire et d'Archives, 2012.
- **Tallemant (Gédéon)**, *Les Historiettes de Tallemant des Réaux. Mémoires pour servir à l'histoire du XVIIe siècle.*

CRÉDITS ICONOGRAPHIQUES

Les pictogrammes utilisés dans cet ouvrage sont issus :

- De l'agence AdobeStock, avec les illustrateurs bestvector083, Artco, sharpnose, Puckung, Matsabe, MacroOne, zaurrahimov, Set Line Vector Icon, Graphic&Illustration, anatolir, R.vector, kornkun.
- De l'agence Shutterstock avec les illustrateurs feel plus, Great Vector Elements, AVIcon, Artco, kosmofish, ductru, Shams Suleymanova, Happy Art, nickolai_self_taught, kuroksta, Nadiinko, INORTON.

TABLE DES MATIÈRES

A

Avoir un cœur d'**artichaut** 8
Aller aux **asperges** 10
Être une (grande) **asperge** 12

B

Coup de **bambou** 14
Glisser une peau de **banane** à quelqu'un 16
Charrier (cherrer) dans les **bégonias** 18
Une drôle de **binette** 20
Avoir du **blé** 22
Manger son **blé** en herbe 24
Être fauché comme les **blés** 26
Gueule de **bois** 28
Langue de **bois** 30
Montrer de quel **bois** on se chauffe 32
Sortir du **bois** 34
Toucher du **bois** 36
Une volée de **bois** vert 38
C'est le **bouquet !** 40
Être comme l'oiseau sur la **branche** 42
Scier la **branche** sur laquelle on est assis 44
Vieille **branche** 46
Bûcher 48
Yoyoter du **bulbe** 50
Faire l'école **buissonnière** 52

C

Marcher à la **carotte** 54
Se faire **carotter** 56
Les **carottes** sont cuites 58
Sec comme une **caroube** 60
Prendre la clef des **champs** 62
Mettre la **charrue** avant les bœufs 64
Prendre une **châtaigne** 66
Une **châtaigne** sous la bogue 68
Appuyer sur le **champignon** 70
Solide comme un **chêne** 72
C'est bête comme **chou** 74
Faire **chou** blanc 76
Une feuille de **chou** 78
Ménager la chèvre et le **chou** 80
Se prendre le **chou** 82
Un bout de **chou** 84
Être dans les **choux** 86
Faire ses **choux** gras 88
Ne rien avoir dans le **ciboulot** 90
Presser quelqu'un comme un **citron** 92
Avoir la tête comme une **citrouille** 94
Secouer le **cocotier** 96
Beurré (bourré) comme un **coing** 98
Un **cornichon** 100
Élever un enfant dans du **coton** 102
Quelle **courge !** 104

E
Faire la course à l'**échalote** 106
Pâle comme une **endive**, un concombre 108
Mettre du beurre dans les **épinards** 110

F
De derrière les **fagots** 112
Être dur de la **feuille** 114
Donner un pois pour une **fève** 116
Faire la **figue** à quelqu'un 118
Mi-**figue**, mi-raisin 120
Être **fleur** bleue 122
Faire une **fleur** 124
La **fleur** au fusil 126
Conter **fleurette** 128
Lancer des **fleurs** 130
Dire quelque chose avec des **fleurs** 132
Faire **florès** 134
Chercher une aiguille dans une botte de **foin** 136
Être bête à manger du **foin** 138
C'est l'arbre qui cache la **forêt** 140
Ramener sa **fraise** 142
Sucrer les **fraises** 144
Le **fruit** défendu 146
Le ver est dans le **fruit** 148
Espèce de **fumier** 150

G
Un vrai **gland** 152
Avoir un **grain** 154
Trier (séparer) le bon **grain** de l'ivraie 156
Casser la **graine** 158
En prendre de la **graine** 160
Mauvaise **graine** 162

H
Courir (taper) sur le **haricot** de quelqu'un 164
La fin des **haricots** 166
Couper l'**herbe** sous le pied 168
En **herbe** 170
L'**herbe** est toujours plus verte ailleurs 172

J
Cultiver son **jardin** 174

L
S'endormir sur ses **lauriers** 176
Tresser des **lauriers** à quelqu'un 178
C'est un vrai **légume** 180
Une (grosse) **légume** 182

M
Effeuiller la **marguerite** 184
Tirer les **marrons** du feu 186
Être (fait) **marron** 188
Avoir le **melon** 190
Se faire du **mouron** 192
Pierre qui roule n'amasse pas **mousse** 194
En voir des vertes et des pas **mûres** 196

N
Avoir du sang de **navet** 198
Un **navet** 200
À la **noix** 202

O

Se mettre en rang d'**oignons** 204
Aux petits **oignons** 206
S'occuper de ses **oignons** 208
Apporter des **oranges** à quelqu'un 210
Faut pas pousser mémé dans les **orties** 212
Avoir de l'**oseille** 214

P

Au ras des **pâquerettes** 216
En avoir gros sur la **patate** 218
Comme une **patate** 220
(Se) refiler la **patate** chaude 222
Avoir la **pêche**, la banane, la patate 224
Manger les **pissenlits** par la racine 226
Marcher sur les **plates-bandes** de quelqu'un 228
Couper la **poire** en deux 230
Entre la **poire** et le fromage 232
Être une bonne **poire** 234
Prendre pour une **poire** 236
Prendre en pleine **poire** 238
Garder une **poire** pour la soif 240
Faire le **poireau** 242
Faire le **poirier** 244
Une purée de **pois** 246
Avoir un **pois chiche** dans la tête 248
Poivrot, poivrote 250
La **pomme** de discorde 252
Tomber dans les **pommes** 254
Prendre une **prune** 256
Pour des **prunes** 258
Loger un **pruneau** dans le bocal 260
Secouer comme un **prunier** 262

R

Prendre **racine** 264
Ne pas avoir un **radis** 266
Ratisser large 268
À l'eau de **rose** 270
Être frais comme une **rose** 272
Ne pas sentir la **rose** 274
Cueillir les **roses** de la vie 276
Découvrir le pot aux **roses** 278
Envoyer sur les **roses** 280
Souple comme un **roseau** 282

S

La beauté ne se mange pas en **salade** 284
Panier à **salade** 286
Raconter des **salades** 288
Sentir le **sapin** 290
Dormir comme une **souche** 292
Rester planté comme une **souche** 294
De vieille **souche** 296

T

C'est du même **tabac** 298
Passer à **tabac** 300
Faire un **tabac** 302
Être rouge comme une **tomate** 304
Quelle **truffe** ! 306

Imprimé en Espagne en avril 2021 par Egedsa
N° éditeur : 10268154 - Dépôt légal : mai 2021